Le Guide magique du monde de Harry Potter

Edi Vesco

Le Guide magique du monde de Harry Potter

traduit de l'italien
par Caroline Roptin

l'Archipel

Ce livre a été publié sous le titre
Il Magicolibro
par Sperling & Kupfer Editori, Milan, 2002.

Deuxième édition actualisée, 2005.

Les romans de la série *Harry Potter* de J. K. Rowling ont paru en France aux éditions Gallimard, dans une traduction de Jean-François Ménard. Les noms de lieux et de personnages cités dans cet ouvrage sont conformes à cette traduction.

Si vous souhaitez recevoir notre catalogue et être tenu au courant de nos publications, envoyez vos nom et adresse, en citant ce livre, aux Éditions de l'Archipel,
34, rue des Bourdonnais 75001 Paris.
Et, pour le Canada, à
Édipresse Inc., 945, avenue Beaumont,
Montréal, Québec, H3N 1W3.

ISBN 2-84187-760-4

SOMMAIRE

Bienvenue chez les Magiguides !

Bonjour à tous ! Êtes-vous prêts pour ce Magicircuit ? Mais, me demandez-vous, qu'est-ce qu'un Magicircuit ? Ah, Magerlipopette ! Bien sûr, vous ne pouvez pas le savoir… Un Magicircuit est un circuit magique, une exploration très particulière, magiquement guidée par nous, les Magiguides. Comment donc, qui sont les Magiguides ? Magerlipopette ! Bien sûr, vous ne pouvez pas le savoir…

Pardonnez ce démarrage laborieux, mais mon nom est Sophie Amnésie, j'espère que vous comprenez mieux…

Les Magiguides sont donc des guides touristiques dotés de pouvoirs magiques. Un genre de lutins, si vous préférez. Mais pourquoi vous affolez-vous ainsi ? Vous craignez que les lutins ne fassent que des bêtises ? Magerlipopette ! Bien sûr, mais figurez-vous qu'aujourd'hui, nous, les Magiguides, nous sommes solennellement engagés : nous ne ferons que vous guider, vous tenir compagnie, vous éclairer. Pour vous rassurer, lisez notre serment, page 15. Nous l'avons tous signé volontiers car, pour nous, c'est un peu comme prendre des vacances ! Vous savez, nous, les lutins, nous n'avons pas toujours envie de faire des bêtises. Il en est même parmi nous qui n'en font jamais et qui passent leur temps à construire des châteaux de sucre ou à aider les fées âgées à traverser les nuages…

Et puisque nous en sommes aux Magiconfidences, je vais vous dire un secret : il existe des lutins qui vivent, depuis des années, enfermés dans des noix de coco, en attendant de changer de statut. Pour certains, en effet, le statut de lutin est très lourd à porter, précisément à cause de la mauvaise réputation qui nous colle à la peau. Si vous saviez le nombre de demandes de reconversion qui s'empilent sur le bureau du Surintendant des Beaux-Arts de la Magie ! On y trouve des vœux pour devenir un tas de choses : poisson-lune, peigne, bacille, cuillère, passereau, volet roulant, gnou, boucle d'oreille (celle de droite), ski, rame, mixeur…

Bref ! Assez parlé de nous, il faut que je vous rassure sur votre sort à vous. Nous, les Magiguides, avons été rigoureusement sélectionnés, vous ne pouviez pas trouver mieux ! Nous sommes experts en la matière, mais aussi joyeux, enjoués, en parfaite santé, dans la fleur de l'âge (laquelle se situe chez notre espèce, *Lutinus fantasticus* ou Lutin des Lubies, entre l'an 22, 2 mois et 2 jours et l'an 555, 5 mois et 5 jours). De plus, nous suivons chaque été un cours de perfectionnement dans l'île Imaginaire, à l'invitation de notre vieil ami Peter Pan.

Alors, vous êtes prêts ? Non ? Vous voulez connaître nos noms ? Ah, Magerlipopette ! Bien sûr, vous ne pouvez pas les savoir… Alors laissez-moi vous présenter les guides qui, avec moi-même, Sophie Amnésie et mon assistante Victoire Mémoire, vont vous accompagner tout au long de ce Magicircuit : Lasagne Cocagne et son assistant Sabayon Illusion, Alice Malice et Casimir Sourire, Armande Demande et Anne Agramme, Martin Potin et Isabelle Bonnenouvelle, Edwige Prodige et Louise Surprise, Jean-Marie Euphorie et Camille Quille. Pourquoi tous ces assistants, me demandez-vous ? En fait, avec tout ce qu'on entend dire de certains voyages organisés, nous avons préféré vous donner un maximum de garanties : chaque Magiguide a donc un assistant suppléant, très utile en cas d'imprévu. L'an dernier, lors d'un tour organisé dans le mobilier du château de Versailles, Brigitte Mite a volé trop près d'un insecticide et c'est Aphrodite Termite qui a brillamment pris la relève à la tête de son groupe.

Et maintenant, partons ! Vous êtes prêts ? Comment ? Vous voulez savoir où nous allons ? Ah, Magerlipopette ! Bien sûr, vous ne pouvez pas le savoir...

Eh bien ! vous, vous allez rester là, confortablement installés dans votre fauteuil et vous vous laisserez magiguider à la découverte de quelque chose que vous croyez connaître à la perfection, mais que vous ne connaissez encore qu'en partie : le Magicomonde de Harry Potter et Compagnie. En même temps, le Magicircuit vous révélera l'autre Magicomonde, celui qui se cache dans votre vie de tous les jours : à l'école, à la maison, au gymnase ou au jardin public. Car nous qui vous observons, tapis dans les arbres, dans les réfrigérateurs ou les flacons de bain moussant, nous savons que votre vie n'est pas du tout comme vous l'imaginez, parole de lutin ! Elle est vraiment pleine de magie ! De nombreux épisodes que vous trouvez « normaux » dépendent en réalité de magicauses. Et je ne parle même pas de ceux que vous ne vous expliquez pas, tous ces faits et phénomènes farfelus, bizarres, loufoques, curieux, originaux, les « choses étranges », comme dirait Hagrid. Celles qui vous font dire : « Je ne sais pas ce qui s'est passé, mais... », ou bien : « Ça alors, c'est incroyable ! »

Comment ? Cela ne vous concerne pas ? Cela ne vous est jamais arrivé ? Hi ! hi ! hi ! Laissez-moi rire ! Nous en reparlerons à la fin de ce Magicircuit...

Et maintenant, mettez-vous à l'aise et ouvrez les yeux. Un, deux, vingt-neuf, cinquante-six, zéro virgule cinq ! Prêts ? Partez !

Bon Magicircuit à tous !

Sophie Amnésie et ses camarades

Serment des Magiguides

Si vous voyez des licornes dans le ciel
Si tout encore vous émerveille
Nous, les Magiguides, nous serons
Pour vous de parfaits compagnons
Et saurons, si vous nous suivez,
Vous révéler d'incroyables secrets.
Ceux qui souhaiteraient que chaque jour
Soit fêté comme un Mardi gras,
Ceux qui rêvent que tous les Malefoy
Apprennent enfin ce qu'est l'amour,
Ceux qui voudraient goûter
Chocogrenouilles et Bièraubeurre,
Qui voudraient comme professeurs
Non des Moldus, mais des sorciers,
Verront leur horizon s'élargir
Et goûteront de magiques plaisirs...
Pour qui rêve d'attraper le Vif,
Pour qui a gardé un cœur d'enfant,
Pour qui s'imagine chevauchant l'hippogriffe,
Et soutient Gryffondor passionnément,
Nous nous engageons aujourd'hui
À ouvrir les portes du royaume
Pour vous faire approcher elfes et gnomes
Et entrer dans l'univers de Harry.
Nous les Magiguides, nous vous attendons
Quai Neuf trois quarts, vous savez où,
Pour vous entraîner dans un voyage magique
Qui ne nécessite ni moyens ni techniques
Mais un peu d'imagination,
De fantaisie et de passion !

(Rédigé à l'heure du thé, dans le Grand Gâteau au chocolat, au sud de l'Oasis enchantée, le soixante-douzième jour du trente-cinquième mois de l'année de la Toupie.)

Parcours du Magicircuit

Chers lecteurs,

Nous avions prévu, nous les Magiguides, de vous présenter cette visite sous la forme d'un dépliant illustré. Mais notre archiviste, Telemacus Embrouillus (appelé aussi parfois Scribus Scleroticus), a pris connaissance de l'existence du Magicircuit. Bien qu'il ait été traumatisé et bien diminué lors de l'invasion de la Gaule par les Wisigoths (il est resté l'unique lutin survivant), il prétend, encore aujourd'hui, jouer un rôle dans chacune de nos missions. Si l'on ose lui refuser ce privilège, il est capable de nous le faire amèrement regretter. Aussi, pour ne pas gâcher le Magicircuit, nous avons dû le contenter, en acceptant qu'il en écrive la présentation. Si, par miracle, vous parvenez à saisir un mot du fatras incompréhensible qui suit, nous vous tirons notre chapeau. Dans le cas contraire, vous avez le droit de sauter la page...

Merci de votre compréhension,

Les Magiguides

De itinere de Magicircuito

Hic itinere magicus cominciamentum habet de originem de florentissimo arbore dicto Harryca Potteriana Splendida, cum magna attentione ad prodigiosas et in veritas magicas coincidentias que conduxerunt ignotam anglicam madamam Joanna Kathleena Rowlinga (qua semper dicta JKR) ad fortunatissimam creationem de aureo magico.

De qua in avante, lector legere potest quinque Magicapitulos, transversandum paginas de las quattuor historias et figuras de la prima historia animata, qua dicta est « filmus », per cognoscere inspirationes maximas de anglica madama JKR et apprehendere infinitas notiones de argumentis curiosissimis que in libris pocum tractatis sunt. Omnis Magicapitulus clausus est cum notitias insolitae et incredibiles de filmis (secundus filmus etiam consideratus est), de libris et de universalibus manifestationibus de morbo dicto « Pottermania perniciosa ». Lector etiam complicatas provas superare debet, ante posse transitare ad magicapitulo sequente.

In secunda parte de hic magico itinere, lector trobat mirabiles Fantasticapitulos, de quos qui nullum revelo, secundum proverbium « omnes venit in tempo a qui sciat exspectare ».

Solum dico Fantasticapitulos divertentissimos et insolitissimos esse.

Bonum Itinerum !

Avertissement

Chers lecteurs,

Avant de recevoir l'autorisation de vous accompagner au long de ce Magicircuit, tous les Magiguides ont été soumis à une série de tests antidopage. Les contrôles de la présence éventuelle d'alcool ou d'autres substances hallucinogènes dans leur organisme se sont révélés négatifs. En dépit de ces précautions, vous pourrez trouver dans ce Guide magique un certain nombre d'affirmations quelque peu étranges, en apparence égarées au milieu de discours des plus sérieux. Les Magiguides, en effet, créatures déjà surexcitées de nature, sont en outre régulièrement victimes d'accélérations subites de l'activité cérébrale, comme le révèlent des études menées dans les laboratoires de Biologie magique de l'Université de Fantasticoland, qui rapprochent ces accès d'hyperactivité des phénomènes de type CICCA (Courants immagignifico-créativo-catastrofico-accidentels).

En d'autres termes, les Magiguides déraillent de temps à autre !

Nous avions pensé, dans un premier temps (avant l'impression du livre), effacer toutes les bizarreries que nous y avions trouvées, mais les Magiguides ont menacé de se venger, et l'on connaît la façon sournoise et terrible dont les lutins savent se venger...

Aussi avons-nous renoncé à intervenir dans ce sens. Nous espérons donc que, en prenant ce livre pour ce qu'il est, vous vous amuserez autant que les lutins qui l'ont écrit !

PREMIÈRE PARTIE

Des films, des romans
Les secrets ignorés,
Nous, les lutins plaisants,
Allons vous révéler…

MAGICHAPITRE ZÉRO

Sans voie ferrée ni pub écossais, Jamais Harry n'aurait existé

(La naissance de Harry Potter)

☛ *Magiguides : Sophie Amnésie et son indispensable assistante Victoire Mémoire sans laquelle vous ne pourriez pas lire ce chapitre avant des siècles…*

D'UN TRAIN ARRÊTÉ EN PLEIN CHAMP PROVIENT LA PREMIÈRE IDÉE DU ROMAN !

Que serait Harry Potter sans les trains ? Littéralement : rien. Sans train, Harry ne pourrait pas devenir sorcier : sans Poudlard Express, comment se rendrait-il à l'école ? Sur une Ford Anglia volante, peut-être ? Mais non, vous savez bien que ce n'est pas possible ! La seule fois où cela est arrivé, la voiture a foncé tout droit dans la Forêt interdite ! Sans commentaire…

Je dirais même que, sans train, Harry Potter ne serait pas né. Et sans train, l'écrivain anglaise Joanne Kathleen Rowling, sa « maman », ne serait pas née non plus. Et sans train, Joanne Kathleen n'aurait pas non plus… Mais bon, commençons par le commencement.

Le premier train de notre histoire

Les parents de notre héroïne, les futurs M. et Mme Rowling, se rencontrent par hasard, en 1964, dans un train à destination de l'Écosse, au départ de la gare de… King's Cross, à Londres. Ils ont dix-neuf ans tous les deux : le coup de foudre est vite suivi d'un mariage. Elle, moitié française, moitié écossaise, est une lectrice acharnée de romans. Lui est apprenti mécanicien chez Rolls Royce, excusez du peu ! N'entrevoyez-vous pas un premier présage du triomphe de Joanne Kathleen ?

Cette dernière vient au monde l'année suivante, précisément le 31 juillet 1965, à Chipping Sodbury, petit village du Gloucestershire. Deux ans plus tard naîtra sa petite sœur Di.

En 1971, toute la famille quitte Chipping Sodbury pour Yate, dans la banlieue de Bristol (ville célèbre pour ses maisons en papier). C'est là que, à six ans, Joanne écrit sa première histoire, celle de Rabbit, le lapin qui a la rougeole. Lors du déménagement suivant, à Winterbourne cette fois, les Rowling font la connaissance de voisins fort sympathiques, les Potter. Joanne, Di et le petit Ian Potter jouent ensemble tous les jours. Leur passe-temps préféré consiste à se déguiser en sorciers et en sorcières et à hurler, un bâton à la main : « Je vais te transformer en grenouille ! »

Nouveau déménagement en 1974. Destination : Tutshill, petit village du pays de Galles (région célèbre pour son prince, le dénommé Charlie, qui tissait, pour son loisir, des étoffes à petits carreaux). Un sinistre château surplombe le bourg, mais c'est plutôt la nouvelle institutrice qui effraie Joanne. C'est une espèce de monstre prénommé Morgan, comme le pirate. Exemple vivant de Moldue de la pire espèce, il lui a suffi d'un regard à la nouvelle venue, couverte de taches de rousseur, un peu myope, très timide, taciturne et rêveuse, pour la placer du côté des élèves idiots de la classe.

Joanne, perdue dans ses rêveries, met du temps à s'en apercevoir. Mais dès lors, elle se transforme peu à peu en une sorte de sosie de la future Hermione Granger. Aussi précise que studieuse, elle ne manque pas une occasion de lever la main pour répondre. Très vite, l'institutrice la fait changer de place : elle se retrouve assise du côté des élèves intelligents. C'est le premier succès de Joanne.

Les années passent et Joanne, comme tous les enfants, grandit. Sa famille est en perpétuel déplacement (comme nous, les lutins) et, à neuf ans, Joanne découvre le village de Chepstow (qui deviendra aussi célèbre que les autres, mais pour la seule raison que Joanne Kathleen Rowling y a vécu).

Étudiante brillante, elle finit par être diplômée en littérature française et philologie[1] à l'université d'Exeter. Après sa maîtrise, comme tous les jeunes Moldus, Joanne est amenée à exercer plusieurs métiers : professeur d'anglais à Paris, employée dans une maison d'édition (c'est elle qui envoie les réponses négatives aux auteurs des manuscrits refusés : autre présage de ce qui l'attend !), collaboratrice à Amnesty International, secrétaire malheureuse et distraite. Elle sait déjà que ce qu'elle désire le plus au monde, c'est écrire, mais elle redoute plus encore de se voir refuser la publication de ses manuscrits, comme les malchanceux à qui elle-même avait dû envoyer des lettres de refus… Du coup, elle n'ose pas même prendre la plume…

Puis, un beau jour, notre héroïne monte dans…

---

1. *Philologie :* technique d'investigation inventée par la jeune chercheuse grecque Ariane Minos : on prend un fil, on le suit jusqu'où l'on veut, en général jusqu'à l'origine de quelque chose qui se trouve à l'autre bout. Le premier étudiant diplômé en philologie fut un certain Thésée, de l'université du Labyrinthe de Crète. À l'autre bout du fil se trouvait précisément Ariane. (Source : *Encyclopédie fantastique de magiculture universelle,* Tue-Mouche Éditions, Pays des Clochettes, 1997, t. V, p. 0,3/4).

Le deuxième train de notre histoire

1990. Pour se rapprocher de son fiancé qui vit à Manchester (ville célèbre pour ses deux fameuses équipes de football), Joanne décide d'aller y vivre elle aussi. Après un week-end passé à visiter des appartements dans cette ville, elle reprend le train pour Londres. Soudain, au beau milieu de la campagne anglaise, sous le regard étonné des vaches, canards, renards et autres chiens de chasse, le train s'arrête. « Incident technique », affirment les Moldus. En réalité, c'est bien de magie qu'il s'agit. Nous le savons de source sûre, plus précisément de la bouche de l'auteur du tour de magie en personne, j'ai nommé notre ami Odilon Boulon. Vous devez savoir que chaque lutin possède sa propre technique en matière de magie. Odilon, en tant que Boulon, entre dans les engrenages et les mécanismes des objets et, tout à coup, il se desserre. Or, ce jour-là, il s'est faufilé sous le train de Joanne et a pris la place d'un vulgaire boulon de la locomotive. Quelques secousses ont suffi pour que… crac ! Odilon, redevenu lutin, est allé se cacher derrière un épi de maïs pour suivre la scène qu'il nous a rapportée : cheminots en colère, voyageurs impatients, bref, le chaos !

Quant à Joanne, nous raconte Odilon, elle n'a pas quitté son siège, pensive, les yeux fixés sur les champs et les vaches, jusqu'au moment où il l'a vue soudain transfigurée, comme si la foudre l'avait touchée. En fait, elle était illuminée par la vision d'un petit garçon aux cheveux noirs, portant des lunettes, l'air nostalgique et solitaire…

Elle sent que quelque chose d'important est sur le point de se produire. Son futur est là, entre les mains de ce garçon qu'elle a envie d'appeler Harry. Un petit garçon orphelin et doté de pouvoirs magiques, qui, après une enfance malheureuse, se retrouve dans une école de magie où il rencontre... Quelle histoire ! Sous le regard attentif d'Odilon qui ricane dans son champ de maïs, Joanne fouille dans son sac à main. Zut ! elle ne trouve ni stylo ni papier. Alors elle ferme les yeux et se concentre pour ne pas oublier cette histoire. Une fois à la maison, elle pourra commencer à l'écrire.

Le train redémarre et l'imagination de Joanne a déjà donné vie à trois autres personnages : Ron, Peeves et Hagrid. Joanne sourit. Harry l'accompagne désormais. Sa vie est sur le point de changer. Le soir même, chez elle, elle couche d'une traite la trame de son histoire sur du papier. En fera-t-elle un livre ? Non, pas qu'un ! Joanne relit ses notes et divise l'ensemble en sept parties : sept livres racontant les sept années de Harry à l'école de sorcellerie.

Comment ? Vous dites que la magistoire de Joanne se termine là, lorsqu'elle commence à écrire *Harry à l'école des sorciers*, et que l'on connaît la suite ? Magerlipopette ! Mais qu'avez-vous donc en tête ? Vous croyez peut-être que la maman de Harry est un écrivain moldu parmi tant d'autres ? Chers lecteurs, vous faites fausse route. La maman de Harry a longtemps tâtonné avant de trouver enfin son fameux Poudlard Express, le troisième train de notre histoire, celui qui l'a rendue célèbre et heureuse !

Vous vous demandez comment elle l'a imaginé ? Alors poursuivons ensemble notre Magicircuit, vous ne tarderez pas à le savoir...

UN BÉBÉ, UN CAPPUCCINO AU FOND D'UN CAFÉ ANNONCENT L'ARRIVÉE DU PETIT SORCIER

1994-1995, dans un pub d'Édimbourg : seule et triste, attablée devant un cappuccino, une jeune femme blonde écrit. Tout près d'elle, dans un landau, un bébé dort. C'est Jessica, la fille de Joanne. Elle est née, un an plus tôt, au Portugal, où Joanne avait épousé Jorge Arante, un journaliste. Mais ils ont divorcé peu après, et Joanne a dû rentrer en Grande-Bretagne. À Édimbourg, où elle a rejoint sa sœur Di, elle n'a ni travail ni argent, mais trois petits chapitres d'une histoire de sorciers attendent dans sa valise… Elle doit encore écrire la suite, mais il lui faudra beaucoup de courage : dans son appartement glacial et minuscule, une fausse rumeur prétend qu'elle n'a même pas de chauffage ! De plus, John Major, le Premier ministre anglais de l'époque, accuse, dans un discours, les mères célibataires d'être la cause de tous les maux de la société !

Par chance, elle a trouvé un refuge : le Nicholson's, le pub du mari de Di. Après des heures de promenade dans le jardin public, lorsque la petite Jessica s'est enfin endormie, Joanne s'installe au chaud dans un coin du pub et elle écrit, écrit, écrit… Elle n'a pas les moyens de commander autre chose qu'un unique cappuccino, mais ici, elle peut rester autant qu'elle veut sans que des serveurs la regardent de travers. Tant mieux, car l'histoire d'Harry promet d'être longue, très longue. Trop, peut-être, se dit Joanne lorsqu'elle y met le point final. Elle a lu quelque part que les histoires pour enfants ne doivent pas dépasser quarante mille mots. Or, celle de Harry en contient quatre-vingt-dix mille !

Joanne tape le roman à la machine, en serrant les lignes pour qu'il paraisse moins long (l'éditeur ne sera pas dupe et lui fera tout recopier en laissant des espaces « normaux » !), puis elle l'expédie à un agent littéraire[1]. Lequel, typique moldu borné, le lui renvoie sans en faire grand cas. Joanne ne s'avoue pas vaincue. Dans la rubrique « agents littéraires » des pages jaunes de l'annuaire, elle choisit intuitivement un nom qui sonne bien : Christopher Little (c'est-à-dire « Christophe Petit », mais c'est plus mélodieux en anglais, n'est-ce pas ?). Petit de nom, mais grand d'esprit, il perçoit toute la magie de l'histoire et la propose aussitôt à trois grands éditeurs anglais[2]. Lesquels commettent, à leur tour, une erreur dont ils se mordront les doigts pendant des années, puisque, incroyable mais vrai, ils refusent à leur tour le roman.

1996. Joanne a remplacé les cappuccinos par des calmants pour ne pas devenir folle, mais Christopher Little n'abandonne pas la partie. Jamais trois sans quatre, pense-t-il, et il propose le roman à la maison d'édition Bloomsbury. Laquelle accepte et devient célèbre pour avoir été plus maligne que les autres[3].

---

1. *Agent littéraire :* personnage utile chez les écrivains moldus (pas chez les sorciers, qui résolvent les problèmes d'un coup de baguette magique), chargé de lire un manuscrit et de convaincre des éditeurs de le publier. À condition, bien entendu, qu'il ait lui-même compris que le manuscrit était intéressant…

2. *Éditeur :* personnage mythique, il est pour les écrivains moldus ce que le père Noël est pour les enfants. Son travail consiste à imprimer et publier un livre. À condition, bien entendu, qu'il ait lui-même compris… (voir note précédente).

3. Les trois éditeurs qui ont « manqué » l'affaire Harry Potter ont tout fait pour que personne n'apprenne leur gaffe magistrale, mais nous, les lutins, nous les avons dénichés ! Il s'agit, dans l'ordre, des éditions Orion, Penguin et HarperCollins. Ces noms ne vous disent peut-être rien, mais je peux vous assurer qu'il s'agit de la crème de la crème du gratin de l'édition anglaise !

Joanne exulte et, pour la première fois depuis des années, commande un repas entier chez Nicholson's. Les serveurs sont si surpris qu'ils laissent tomber tout ce qu'ils ont dans les mains (notre ami Sabayon Illusion a assisté à la scène, métamorphosé pour l'occasion en farandole de desserts...) !

1997. En février, Joanne obtient un financement, achète un ordinateur et écrit la suite des aventures du jeune sorcier. En juillet, Bloomsbury publie le premier volume (qui s'intitulera, en français, *Harry Potter à l'école des sorciers*) à moins de cinq mille exemplaires, ce qui est peu. En quelques semaines, tous les enfants deviennent fans de Harry Potter et l'imprimeur ne sait plus où donner de la tête. À l'automne, une maison d'édition américaine propose 100 000 livres sterling (environ 160 000 euros) pour publier le roman aux États-Unis. Pour maman Joanne, Harry a attrapé son premier Vif d'or, il vole sur son Nimbus 2000 vers le succès mondial...

MAGICHAPITRE PREMIER

« La Chambre » après « l'École » Harry vers le succès s'envole

(Comment on devient un phénomène)

☛ *Magiguides : Martin Potin et Isabelle Bonnenouvelle.*

Bonjour à tous ! Nous sommes Martin Potin et Isabelle Bonnenouvelle, les lutins les plus vifs du groupe, attentifs à tout, toujours à l'écoute et si curieux que rien ne peut nous échapper ! Nous passons notre temps à fouiller le monde des humains, prêts à réaliser un tas de tours de magie indiscrets : précisément ceux qui provoquent contretemps, coups de théâtre et scandales...

Isabelle est spécialisée dans les tours de magie aux V.I.P (les Vilaines Inutiles Personnes). C'est elle qui fournit aux journalistes les informations les plus croustillantes : la belle qui milite pour la campagne « Non au silicone ! » s'est fait refaire tout le corps sauf le pouce droit ! Le gros costaud des plus grands films d'action a peur des souris ! Rossella, avant d'être la star romantique de soap-opera que vous connaissez, était camionneur et s'appelait Ross !

Quant à moi, Martin, je fréquente des gens normaux (enfin, façon de parler...) et je vous assure que je m'amuse ! Je possède un vaste répertoire de tours de magie malicieux (je fais volontiers parvenir à des entreprises les découvertes secrètes des entreprises concurrentes), mais je ne renonce pas pour autant aux bonnes actions. À votre avis, qui divulgue à l'avance les sujets des épreuves du baccalauréat ? Eh oui ! c'est moi... ! Cela me ravit, même si je m'entends traiter de « taupe » au ministère.

Bref, Isabelle et moi n'arrêtons pas une minute. C'est pourquoi Sophie Amnésie a fait appel à nous pour raconter tout ce que nous savons sur les romans et les films de Harry Potter.

En fait, lorsqu'elle nous a contactés, elle était assez énervée : « Désordonnés que vous êtes ! Dire que c'est à vous que sont confiées les archives ! Je suis allée chercher tout le matériel sur notre jeune sorcier et je n'ai rien trouvé, rien ! Pas même un poil de Touffu, ni une volute de fumée de Norbert, ni une limace vomie par Ron ! Peut-on savoir ce que vous avez fabriqué ? Sans notre banque de données, nous sommes perdus !!!

— Mais ma chère Sophie, ce n'est pas possible ! a susurré Isabelle Bonnenouvelle, comme elle sait si bien le faire (avec une telle voix, personne ne lui résiste : c'est ainsi qu'elle obtient autant d'informations et d'indiscrétions sur les V.I.P.). Où as-tu donc cherché ?

— Là où nous cherchons d'habitude, a répondu Sophie, excédée. Dans les archives, niveau dix du grand chêne vert émeraude de Sardaigne, deuxième couche de lichen.

— Mais ma pauvre Sophie chérie ! Encore un trou de mémoire ! Tu as oublié que nous avons déplacé les archives la semaine dernière parce que le chêne vert émeraude tombe en ruine : trop de monde, trop de pollution, de sécheresse et de feux de forêt. Vingt-deux incendies en quelques années, l'endroit n'était plus assez sûr. Les archives se trouvent désormais dans le magnifique chêne noir du

Tyrol[1], huitième bifurcation, troisième nid de pivert. Allez, viens avec moi, je vais t'aider à trouver ce que tu cherches ! »

Aussitôt dit, aussitôt fait. Elles reviennent du Tyrol les bras chargés de cadeaux : compilation de chants tyroliens, décorations de Noël pour tous les arbres de la Magiforêt dans laquelle nous vivons, bretelles brodées d'edelweiss pour tous les garçons, blouses en dentelle pour les filles, un magnifique gâteau de Christelle Strudel, la cousine autrichienne de Sabayon Illusion, mais aussi et surtout, un cadeau pour vous ! Elles ont rapporté le meilleur de nos Magiarchives pottériennes, c'est-à-dire tout ce que vous vous apprêtez à lire dans les pages à venir, sur le Magicomonde de Harry Potter, les romans déjà publiés, le premier film, mais aussi sur la suite des aventures de Harry et la trame des prochains romans…

Tout cela vous intrigue, n'est-ce pas ? Voudriez-vous, par hasard, que je dévoile, ici et maintenant, une information inédite ? Alors, voilà : dans le cinquième volume, vous découvrirez que Harry a un… Nom d'un lutin ! Sophie Amnésie me fait les gros yeux, je ne peux pas continuer…

---

1. Tyrol [*du latin macaronique* tirolus : *qui tire*] : partie méridionale du pays des Valses (l'Autriche, pour les humains), bordée au sud par la terre des Spaghettis (l'Italie) et à l'ouest par la terre du Chocolat (la Suisse). Outre ses paysages magnifiques, sa nature encore vierge, le Tyrol est célèbre pour avoir donné naissance, depuis la préhistoire, à un certain nombre de coutumes et de comportements humains tels que : tirer au sort, tirer au pigeon, tirer de plein fouet, tirer par les cheveux, tirer sur le pianiste, tirer la langue et tirer la bobinette, tirer au but, tirer dans le dos, tirer l'alarme, tirer la couverture à soi. (Source : *Magiatlas de la galaxie humaine qu'on appelle la Terre,* Millebornes Éditions, Vagabondaland, 1988.)

LES RÉPONSES DE NOTRE AUTEUR PRÉFÉRÉE POUR SATISFAIRE VOTRE CURIOSITÉ

Voici une petite anthologie des questions les plus fréquemment posées au sujet des deux premiers livres et les réponses de Joanne Kathleen Rowling.

Comment les responsables de Poudlard font-ils pour retrouver les enfants censés entrer en première année alors que certains vivent dans des familles moldues ?

Il existe, au château, un stylo-plume magique qui devine, à leur naissance, que ces enfants sont de futurs sorciers et qui inscrit leur nom sur un registre spécial. Chaque année, après avoir consulté le registre, le professeur McGonagall envoie, par hibou, une convocation à tous ceux qui viennent d'avoir onze ans.

Nous, les lutins, nous nous sommes longtemps posé la question de savoir comment la plume magique devine les futurs petits sorciers. Edwige Prodige a formulé l'hypothèse selon laquelle il s'agirait de l'un des étranges stylos multifonctions qu'utilise James Bond dans ses films. Mais cela ne nous a pas convaincus.

Nous avons fini par penser que le stylo-plume en question est un objet volant et invisible, capable de déceler la magie précisément dans les maisons dans lesquelles se produisent des vols incongrus d'objets : biberons volants dans les maternités, serpillières volantes dans les crèches, craies et tableaux noirs volants dans les écoles primaires. La raison pour laquelle les enfants sorciers doivent quitter le monde moldu pour Poudlard à onze ans est que, arrivés au collège, ils seraient sans doute capables de faire voler leurs professeurs... En outre, un stylo-plume magique survolant les villes fournirait une explication sensée à bien des cas d'ovnis allongés aperçus par des Moldus.

Et la queue en tire-bouchon de Dudley ?

Dans *Harry à l'école des sorciers,* les Dursley accompagnent Dudley à Londres pour la lui faire enlever, le jour même où ils déposent Harry à la gare de King's Cross. Dans *Harry et la Chambre des Secrets,* on retrouve Dudley sans sa queue. JKR nous explique comment cela s'est passé : les Dursley se sont adressés à une clinique privée, où les médecins ont fait preuve d'une grande diplomatie ; après avoir examiné attentivement l'excroissance en tire-bouchon rose de Dudley, ils ont diagnostiqué « une verrue inconsidérément développée ayant atteint une dimension exceptionnelle » avant de l'enlever.

Mais j'entends des cris provenant de la cuisine. C'est Lasagne Cocagne qui dit qu'elle a un tas de recettes de queue de cochon à vous donner ! Cela dit, je ne suis pas certain que cela vous intéresse...

Comment sont considérés les gnomes ?

Quittons les Dursley et retrouvons les adorables Weasley. Dans les premiers chapitres de *Harry Potter et la Chambre des Secrets,* Mme Weasley envoie ses enfants chasser les « horribles gnomes » du jardin. JKR explique que non seulement les gnomes creusent leurs tanières dans tout le jardin comme des taupes, mais ils mangent aussi les racines de toutes les plantes.

« Quel manque d'originalité ! ont commenté Alice Malice et Casimir Sourire. Les gnomes ne savent donc rien faire d'autre ? Ils pourraient, par exemple, transformer les carottes en navets et les navets en betteraves et les betteraves en pommes de terre et les pommes de terre en gratin et le gratin…

— Le gratin est prêt, à table ! », les a interrompus Lasagne Cocagne. Et nous sommes tous allés manger.

Pourquoi le héros s'appelle-t-il Harry Potter ?

Parce que Harry a toujours été le prénom masculin préféré de JKR. Quant à Potter, comme nous l'avons vu dans le magichapitre précédent, c'était le nom des voisins de JKR à Winterbourne ! Aujourd'hui, Ian Potter, son ancien petit camarade de jeu, est un maçon de trente-cinq ans, heureux père de deux fillettes, qui s'amuse à signer « le vrai Harry Potter » sur les romans de son amie Joanne.

Autres informations sur les noms : Dumbledore signifie, en anglais, « bourdon ». Hedwige est le nom d'une sainte allemande. Dans la version originale, le professeur Rogue s'appelle Snape, qui est le nom d'un village anglais, tout comme Dursley, ville voisine du village natal de JKR.

Le *Dictionnary of Phrase and Fable* constitue aussi, pour JKR, un excellent vivier de noms. Elle y a trouvé Gilderoy, qui fut le nom d'un noble brigand écossais, avant de devenir le prénom du professeur Lockhart (lui-même nom d'une ville australienne). Le nom de jeune fille des sœurs Lily (future Mrs Potter) et Pétunia (future Mrs Dursley) n'a, quant à lui, rien d'extraordinaire : Evans. Il n'y a pas plus anglomoldu !

Il y a controverse, en revanche, au sujet de l'origine du Quidditch. JKR cherchait un mot commençant par la lettre « Q » et prétend qu'elle l'a complètement inventé. Or, nous, les lutins, avons découvert autre chose : dans le village de Cambourne se trouve la rue « Quidditch Lane », héritée, aux dires de ses habitants, du nom d'un ancien canal qui passait autrefois au bout de la rue. En ancien anglais, en effet, *quidditch* signifie « canal asséché ». Depuis la découverte de cette coïncidence entre fiction et réalité, on rencontre dans les rues de Cambourne des groupes de touristes à la recherche d'autres indices sur Harry Potter. Pour le moment, seules quelques maisonnettes ont été rebaptisées « Le Vif d'or », « Les Moldus » ou « Souaffle ». Mais nous sommes prêts à parier que les habitants malins de cet endroit ne s'arrêteront pas là !

À quel personnage JKR pense-t-elle ressembler le plus ?

JKR affirme qu'elle ressemble beaucoup à Harry. Comme lui, elle a souffert et a souvent dû serrer les dents pour s'affirmer. Cela dit, elle aime beaucoup Hermione, qui lui rappelle l'enfant qu'elle était vers onze ou douze ans. « Je n'étais pas aussi intelligente qu'elle, raconte-t-elle, mais j'étais tout aussi agaçante ! Je ne suis devenue bonne élève qu'à Tutshill, grâce à Morgan, mon institutrice de l'époque. Lorsque j'ai découvert qu'elle m'avait reléguée parmi les élèves idiotes, je me suis jurée de tout faire pour devenir première de la classe. » Apparemment, elle y est parvenue !

Ron est le portrait du sympathique Sean Harris, devenu l'unique ami de JKR à Tutshill, dans la classe de l'odieuse institutrice. À propos, saviez-vous que cette dernière a beaucoup inspiré JKR pour le personnage de Severus Rogue ? Là n'est pas sa seule source d'inspiration car ce personnage résulte en fait de l'assemblage de différents souvenirs de JKR, entre autres celui de John Nettleship, professeur de sciences à l'école de Chepstow. Devenir célèbre de cette façon a dû le déconcerter quelque peu !

Savons-nous l'âge et les dates d'anniversaire des protagonistes des deux premiers livres ?

Selon JKR, les sorciers vivent plus longtemps que les Moldus. Lorsque Harry entre à Poudlard, Albus Dumbledore a environ cent cinquante ans, Minerva McGonagall, à peu près soixante-dix, le professeur Rogue, trente-cinq ou trente-six.

JKR nous informe que Hermione fête son anniversaire le 19 septembre, Ron, le 1er mars.

Quant à Harry, il est né le... Devinez un peu... Le 31 juillet, bien sûr ! Et vous savez pourquoi : c'est le jour de l'anniversaire de JKR !

QUELQUES AUTRES RÉVÉLATIONS DE JKR...

☺ La baguette magique de Harry contient une plume de phénix car c'est l'animal mythique préféré de JKR.

☺ Il est tout à fait possible de faire des enchantements sans instrument, mais la réussite est plus sûre avec une baguette magique.

☺ Pendant l'année scolaire, Poudlard accueille environ mille élèves. En été, il ne reste plus que le concierge Rusard car même les professeurs quittent l'école pendant les vacances.
Inutile de vous dire que nous avons cherché à savoir où se rendent les enseignants et le personnel de Poudlard pour les vacances. Si vous voulez savoir ce qu'a découvert Isabelle Bonnenouvelle à ce sujet, lisez son reportage exclusif à la fin de ce chapitre.

☺ James Potter était poursuiveur dans l'équipe de Quidditch de Gryffondor. Lily aussi faisait partie de Gryffondor. James n'a jamais eu besoin de travailler, car il était issu d'une famille très riche depuis plusieurs générations. La cape d'invisibilité est un héritage que les Potter se transmettent de père en fils.

☺ Hagrid appartient également à la maison Gryffondor. Comme il n'a pas terminé ses études, ses tours ne réussissent pas toujours comme il le souhaiterait.

☺ Un gallion d'or vaut 8 euros, une mornille d'argent vaut 47 centimes, une noise de bronze, 1,5 centime.

LES LECTEURS ONT TROUVÉ OÙ JOANNE S'EST TROMPÉE !

Cela peut paraître incroyable, mais on trouve, au fil des romans, quelques contradictions, erreurs ou incongruités. Certaines ont été corrigées dans d'autres langues, d'autres sont restées. Il va sans dire que nous, les lutins, nous en sommes aussitôt aperçu (mais nous savons que quelques humains les ont également décelées).

Harry Potter à l'école des sorciers

p. 58 Pétunia Dursley raconte au sujet de sa sœur Lily : « Quand elle revenait à la maison pour les vacances, elle avait les poches pleines de têtards et elle changeait les tasses à thé en rats d'égout. » Mais si Pétunia dit vrai, sa sœur n'aurait-elle pas été renvoyée de l'École pour transgression par le ministère de la Magie, puisqu'il est interdit de faire des tours de magie en dehors de Poudlard ?

p. 68 Pour quitter le rocher sur lequel se sont réfugiés les Dursley, Hagrid et Harry empruntent la barque louée, la veille, par Vernon. Or, au matin, les Dursley ne sont plus mentionnés. Sont-ils encore dans la cabane ? Comment vont-ils regagner la terre ferme si Harry et Hagrid prennent la seule barque utilisable ? À la nage ?

p. 79 Hagrid explique à Harry que dix-sept mornilles font un gallion. Mais, p. 76, une « petite femme rondelette », devant la vitrine d'un apothicaire, se plaint du prix du foie de dragon : « Dix-sept mornilles pour trente grammes. » Pourquoi ne parle-t-elle pas d'un gallion, comme nous dirions « un euro » et non pas « cent centimes » ?

p. 81 Alors qu'il est occupé à essayer des robes de sorcier dans le magasin de Mme Guipure, Drago Malefoy raconte à Harry que son père est en train de lui acheter des livres, tandis que sa mère est allée lui « chercher une baguette magique à l'autre bout de la rue ». Comment est-il possible qu'elle y aille à sa place, puisque, comme l'affirme Mr Ollivander (p. 87) : « C'est bien entendu la baguette qui choisit son maître » ?

p. 103 Comment Ron peut-il posséder un rat alors que les animaux tolérés à Poudlard sont « un hibou OU un chat OU un crapaud » (p. 71) ?

p. 217 L'élixir de longue vie rend *immortel* celui qui le boit. Mais Dumbledore explique à Harry (p. 290) que Nicolas Flamel et sa femme Pernelle ont encore « suffisamment d'élixir pour mettre leurs affaires en ordre et ensuite, en effet, ils vont *mourir* »...

p. 276 Au cours de la partie d'échecs, Ron décide d'avancer pour que la reine le prenne et que Harry et Hermione puissent faire échec et mat. Mais les règles du jeu d'échecs prévoient que le cheval noir doit non seulement avancer d'une case, mais ensuite de deux cases de côté, ou alors avancer de deux cases puis d'une de côté (formant ainsi un « L »).

Harry Potter et la Chambre des Secrets

p. 141 Nick Quasi-Sans-Tête invite Harry à la fête qu'il organise pour célébrer le *cinq-centième* anniversaire de sa mort. Or, dans *L'École des sorciers,* il explique (p. 126) qu'il n'a rien mangé depuis « presque quatre cents ans »…

p. 332 Tom Elvis Jedusor/Voldemort explique à Harry qu'ils se ressemblent, notamment parce qu'ils ont « tous les deux du sang moldu ». Mais Harry n'est pas « Sang-de-Bourbe », puisque sa mère était, elle aussi, une sorcière, quoiqu'ayant vécu chez les Moldus. Or, voici la définition de « Sang-de-Bourbe » : « né d'un parent moldu et d'un parent sorcier », comme l'explique Seamus Finnigan, dont le père est Moldu et la mère, sorcière (*L'École des sorciers,* p. 127). N'oublions pas en outre qu'il existe également des personnages dits « Cracmols », c'est-à-dire issus de deux parents sorciers, mais qui n'ont pas de pouvoirs magiques. C'est le cas de Rusard.

AUTRES CURIOSITÉS

JKR écrit depuis sa plus tendre enfance. Pour savoir si les histoires qu'elle inventait seraient appréciées, elle s'est toujours servi de sa sœur Di comme d'un infaillible outil d'évaluation. Si Di riait, JKR était sûre que l'histoire plairait. Dans le cas contraire, elle n'aurait aucun succès…

Et si Di n'avait pas eu le sens de l'humour ?

À la lecture de *Harry Potter à l'école des sorciers,* dont JKR venait de finir la rédaction, sa sœur s'est montrée très enthousiaste. Rassurée, JKR a entrepris les démarches que vous savez pour le faire publier. Face aux refus répétés de l'agent et des éditeurs, elle s'est mise, pour la première fois, à douter de l'intuition de sa sœur, jusqu'à ce que Bloomsbury accepte enfin de publier le roman. Aujourd'hui, notre auteur se demande avec angoisse ce qui se serait passé si Di n'avait pas été émue par les aventures du petit sorcier orphelin ! Le manuscrit serait peut-être parti en fumée dans un feu de cheminée...

Pourquoi, sur la couverture du livre, figurent les initiales « J. K. » et non les prénoms « Joanne Kathleen » ?

Ce n'est aucunement pour des raisons graphiques. L'argument est beaucoup moins noble (« Carrément sexiste ! », clament en chœur Sophie Amnésie et toutes ses amies). L'éditeur anglais Bloomsbury avait pensé qu'il serait préférable de ne pas révéler au public que l'auteur du roman était une femme... car le livre se serait moins bien vendu ! Aussi ridicule que cela puisse paraître, on a donc préféré n'inscrire que ses initiales sur la couverture. Ce qu'en a pensé Joanne Kathleen ? Nous l'ignorons, mais elle n'a sans doute pas sauté de joie...

Saviez-vous que certains éditeurs ont publié les aventures de Harry sous des couvertures différentes ?

Lorsqu'ils se sont aperçus que les romans de JKR séduisaient aussi des lecteurs adultes, les éditeurs anglais (Bloomsbury), américain (Scholastic) et français (Gallimard), rusés comme des renards, ont eu une idée de lutin, c'est-à-dire géniale (*sorry*, mais la fausse modestie n'est pas notre genre) : puisque certains adultes, cramponnés à leur « image de marque », ne sont pas disposés à être vus avec un livre pour enfants entre les mains, pourquoi ne pas publier les romans sous différentes jaquettes : une illustrée pour les enfants et une autre, beaucoup plus sobre, pour le public adulte ? Aussitôt dit, aussitôt fait. Et avec succès ! Sans pudeur ni scrupule, les adultes se sont rués dans les librairies. En France, par exemple, l'édition « pour adultes » des aventures de Harry Potter s'est vendue à soixante mille exemplaires en cinq mois !

Quelles ont été les conséquences du raz de marée Harry Potter dans les classements des meilleures ventes de livres ?

Le fait qu'un prétendu « livre pour enfants » ait connu autant de succès a provoqué bien des bouleversements dans le monde de l'édition. En effet, las d'entendre les lamentations des auteurs détrônés par la présence de *Harry Potter* en tête des ventes, les responsables des pages littéraires du *New York Times* ont élaboré un nouveau classement, celui des meilleures ventes de livres pour enfants. Seul le *Sunday Times*, plus sévère, a jugé que les livres de JKR, « destinés à un très jeune public », n'étaient pas dignes d'entrer dans son classement.

Et pour finir, comme promis, voici le grand reportage d'Isabelle Bonnenouvelle !

Les vacances magiques des professeurs de Poudlard

(de notre correspondante Isabelle Bonnenouvelle)

Albus Dumbledore :	Lune, mer de la Tranquillité, Grand Hôtel Galaxie nébuleuse (5 météorites, catégorie luxe).
Minerva McGonagall :	Saint-Moritz. Pension-spa pour animagichats *Zauberen-Katzen*. Grattomassages de beauté du poil, écuelles

	revitalisantes de crème et de lait de véritable vache helvète. Entre deux soins, visite des fabriques de coucous suisses.
Severus Rogue :	Quel scoop, amis lecteurs ! À découvrir prochainement dans la *Gazette des Sorciers* ! Rogue part à la Jamaïque apprendre tous les secrets de préparation des cocktails du célébrissime barman Pedro Banana Churrasco Split ! Tenue vestimentaire habituelle : paréo noir imprimé d'ananas iridescents. Le soir, sur la plage, il propose des onguents antirides de son cru aux touristes américaines… et danse avec elles joue contre joue !
Professeur Flitwick :	Eurodisney. On le retrouve, plus tard le soir, à Paris, dans les lieux les plus « branchés » de la capitale, où il apprend aux jeunes danseuses des enchantements pour séduire les garçons. En échange de consommations gratuites, il donne aussi ses conseils aux serveuses.
Professeur Chourave :	Forêt équatoriale du Mato Grosso, Brésil. Dès qu'elle s'y trouve, elle se transforme en petite fille et monte sa tente sur une feuille de *Victoria Amazonica* (vous savez, ces nénuphars géants dont les fleurs mesurent 40 centimètres et dont les feuilles, de véritables plateaux de 2,50 mètres de diamètre, peuvent supporter le poids d'un enfant !).
Professeur Trelawney :	Après deux semaines de fouilles archéologiques à Delphes autour de l'Oracle, elle s'accorde un long séjour sportif au Yunnan (Chine),

	avec jogging quotidien dans les plantations de thé. Avant de rentrer, elle fait quelques emplettes dans les bijouteries de Calcutta, Bangkok et Damas.
Professeur Binns :	On perd facilement la trace de ce fantôme fort jaloux de son intimité. Cependant, dans les milieux proches de la famille royale d'Angleterre, on affirme l'avoir vu dans les appartements privés de la reine à Buckingham Palace...
Rubeus Hagrid :	Après avoir déposé les bagages de Dumbledore sur la Lune, il revient sur Terre pour se dédier à ses activités favorites : chatouilles relaxantes aux veuves noires, cours d'aérobic aux scorpions géants, soins dentaires aux bébés squales blancs et massages énergétiques aux murènes.
Madame Bibine :	États-Unis, où elle pratique en alternance loisirs et conseil en entreprise. Par exemple, une semaine de saut à l'élastique dans les montagnes Rocheuses et une semaine de leçons de vol spécial, très suivies par les ingénieurs, au quartier général de Boeing à Chicago.
Madame Pomfresh :	Stages d'été de robotique et de bio-ingénierie, visites guidées de thermes.
Madame Pince :	Égypte. Restauration de papyrus antiques et excursions sur le Nil.

Magijeux

(Réponses p. 253)

MOTS MAGICROISÉS DE *HARRY POTTER À L'ÉCOLE DES SORCIERS*

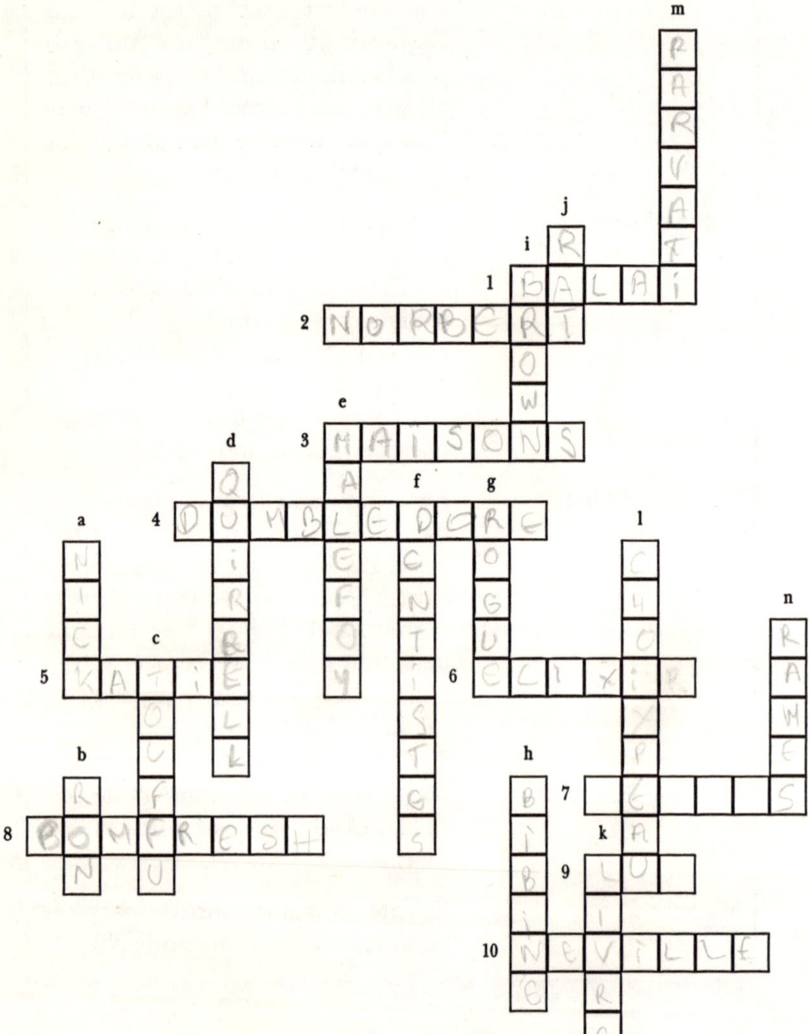

Horizontalement : 1) Transporte les sorciers. 2) Compagnon à crête de Hagrid. 3) Il y en a quatre à Poudlard. 4) Dirige l'école des sorciers. 5) La belle poursuiveuse de Gryffondor. 6) De longue vie, il rend immortel. 7) Ne frappe pas que par l'esprit. 8) Madame l'infirmière. 9) Éclaire. 10) Ami maladroit de Harry. 11) Le seul professeur fantôme de Poudlard.

Verticalement : a) Il n'a presque pas de tête. b) Ami de Harry. c) Garde la Pierre philosophale. d) Professeur au turban. e) Maléfiques de père en fils. f) Les Granger le sont tous les deux. g) Professeur qui enchante. h) Arbitre et vole. i) Patronyme de Lavande. j) Croûtard en est un. k) On achète ceux de magie chez Fleury & Bott. l) Attribue les maisons. m) Patil, amie de Lavande. n) Les canots de Poudlard n'en possèdent pas.

MAGICASSE-TÊTE

1. Un dimanche après-midi pluvieux à Poudlard. Dans la salle commune, les élèves de Gryffondor jouent aux devinettes. La devinette de Hermione est apparemment très simple, mais personne n'a encore trouvé la solution : « Combien de fois peut-on soustraire 4 de 46 ? » Cela a l'air facile, n'est-ce pas ? Eh bien, essaie de donner la bonne réponse !

2. Cette fois, c'est Harry qui lance un défi : « Si les nombres pairs sont verts et si tous les nombres impairs sont bleus, de quelle couleur sera la somme d'un numéro pair et d'un numéro impair ? » Hermione a déjà deviné. Et toi ?

3. La baguette magique de Ron s'est cassée, laissant malencontreusement s'échapper des dizaines de cafards magiques. Deux d'entre eux marchent dans la direction opposée, l'un jusqu'à une pierre, l'autre jusqu'à une racine. Ils décident, pour se rejoindre, de partir en même temps, de marcher à la même allure et de se retrouver à 50 centimètres de la racine. Quelle distance y a-t-il entre la pierre et la racine ?

MAGIQUIZ

1. *Qu'est-ce que l'aconit ?*

a) Une potion magique
b) Une plante entrant dans la composition de certaines potions
c) Un balai très rapide

2. *Qui est Hannah Abbot ?*

a) Une élève de Gryffondor
b) Une élève de Poufsouffle
c) Une élève de Serpentard

3. *L'autre nom de Voldemort est :*

a) Severus Jedusor
b) Tom Elvis Jedusor
c) Cornélius Jedusor

4. *À quoi sert le Rapeltout ?*

a) À augmenter la mémoire
b) À rappeler ce qu'on doit faire
c) À rappeler que l'on a oublié quelque chose

5. *Dans lequel de ces magasins vend-on des animaux ?*

a) Derviche et Bang
b) La Ménagerie magique
c) Zonko

6. *Qu'achète-t-on chez Madame Guipure ?*

a) Des vêtements
b) Des accessoires pour le Quidditch
c) Des produits alimentaires

7. *Quel est le métier de Vernon Dursley ?*

a) Électricien
b) Vendeur de perceuses
c) Assureur

8. *Quel est le message secret écrit dans le Miroir du Riséd ?*

a) Je punis les méchants
b) Purifie ton cœur
c) Je ne montre pas ton visage, mais de ton cœur le désir

9. *De quoi se nourrit le dragon norvégien à crête ?*

a) De whisky et de sang de poule
b) De cognac et de sang de poulet
c) De cognac et de sang de mouton

10. *Comment s'appelle le pub du Chemin de Traverse ?*

a) Le Sorcier buveur
b) Le Chaudron baveur
c) La Taverne magique

11. *Que fabrique Mr Ollivander ?*

a) Des baguettes magiques
b) Du matériel pour Poudlard
c) Des chaudrons

12. « Wingardium Leviosa » *est un sortilège permettant de :*

a) Faire lever les bras
b) Faire voler les objets
c) Faire parler à l'envers

13. *Qui utilise l'Éteignoir ?*

a) Minerva McGonagall
b) Severus Rogue
c) Albus Dumbledore

14. *Qui est Kennilworthy Whisp ?*

a) Un élève de Poufsouffle
b) Le plus grand auteur de livres sur le Quidditch
c) Un élève de Gryffondor

15. *Depuis quand utilise-t-on les balais volants ?*

a) Depuis le Xᵉ siècle
b) Depuis le XIIIᵉ siècle
c) Depuis le XIXᵉ siècle

16. *Pourquoi a-t-on choisi le balai pour voler ?*

a) Parce que l'objet n'éveille pas les soupçons des Moldus
b) Parce que c'est un objet aérodynamique
c) Parce qu'on peut facilement lui jeter des sorts

17. *Que font les supporters des Frelons de Winbourne ?*

a) Ils bourdonnent pour distraire les Batteurs de l'équipe adverse
b) Ils piquent le Gardien de l'équipe adverse
c) Ils volent sur tout le terrain

18. *Pourquoi l'équipe qui attrape le Vif d'or gagne-t-elle 150 points ?*

MAGICHAPITRE DEUXIÈME

Du Prisonnier à la Coupe de Feu Le petit sorcier devient maître du jeu !

(L'explosion de la Pottermanie)

☛ *Magiguides : Encore nous, les inimitables Martin Potin et Isabelle Bonnenouvelle !*

L'ÉTRANGE HISTOIRE DE L'AMULETTE-BIJOU QUI DÉSORMAIS PROTÈGE JKR DE TOUT...

Chers lecteurs, auriez-vous imaginé que la maman de Harry Potter pouvait avoir un talisman pour se protéger elle-même des forces du Mal ? Elle se l'est procuré après la publication de *Harry et la Chambre des Secrets.* Pourquoi, me demanderez-vous, avait-elle besoin d'un porte-bonheur, alors que tout semblait enfin aller pour le mieux ? Mais avez-vous en mémoire certaines personnes qui, au premier abord, paraissaient angéliques et qui se sont révélées de vrais démons ? Eh bien ! c'est ainsi que le succès s'est présenté, au départ, pour Joanne Kathleen Rowling. Mais lisez plutôt ce qui suit...

Harry Potter et le Prisonnier d'Azkaban sort en Angleterre au mois de juillet 1999. Le temps où Joanne était une mère célibataire déprimée, sans un sou en poche, écrivant à la table d'un pub, est bien loin derrière elle. Aujourd'hui, elle connaît le Triomphe avec un « T » majuscule. L'Association anglaise des libraires lui décerne le titre d'« écrivain de l'année » et ses deux premiers romans caracolent en tête des ventes dans nombre de pays, à commencer par les États-Unis. C'est en effet outre-Atlantique qu'apparaissent le plus nettement tous les symptômes de la « Pottermanie », après la parution de *Harry Potter et la Chambre des Secrets*, en juin 1999, puis de *Harry Potter et le Prisonnier d'Azkaban*, en septembre. 43 % des lecteurs sont des adultes, le petit sorcier à lunettes a l'honneur de faire la couverture du très prestigieux *Times*, et l'on murmure qu'un film est d'ores et déjà en préparation, puisque la compagnie Warner Bros a acheté les droits d'exploitation de *Harry Potter à l'école des sorciers* pour un million de dollars.

Dans sa maison d'Édimbourg, un peu sonnée par cette première vague de publicité, JKR est convaincue qu'elle a atteint le sommet du succès. « Le calme va bientôt revenir », pense-t-elle. Elle en a bien besoin, d'ailleurs, ne serait-ce que pour écrire le quatrième tome, *Harry Potter et la Coupe de Feu*, beaucoup plus complexe que les trois précédents. Elle redoute plus que tout la « panne de la feuille blanche[1] » qui l'avait assaillie et complètement paniquée durant la rédaction de *Harry Potter et la Chambre des secrets*.

Mais ce calme tant désiré se révèle être un mirage. Lorsque *Harry Potter et le Prisonnier d'Azkaban* sort, c'est l'hystérie collective. Un matin, JKR allume la télévision et... stupeur ! il n'est question que d'elle au journal de

---

1. *Panne de la feuille blanche (Impedimentum Scriptorum)* : maladie des humains exerçant une activité littéraire ; le sujet atteint fixe pendant des heures une feuille blanche (ou la page d'un écran d'ordinateur) sans savoir comment la remplir. Plus fréquente, la panne de lecture (*Impedimentum Lectorum*) se manifeste chez les lecteurs d'œuvres dont il aurait mieux valu que l'auteur fût victime d'une panne de la feuille blanche définitive. Les symptômes classiques sont le bâillement à la ligne 3 de la page 2, l'exclamation « Mouais, bof ! » à la ligne 2 de la page 3, suivie du jet de livre dans la corbeille à papier à la fin de la page 4. (Source : « Risques et conséquences de la créativité humaine », in *Ceux-là*, mensuel d'information sur l'homme, an CCXIV, n° 3, mois des Cerises, 1996.)

9 heures. Ravie mais effrayée par une telle célébrité, elle se demande avec angoisse ce que lui réserve le futur. Elle le découvre, hélas ! très vite. Après une semaine, les journaux ont déjà publié deux articles inventés de bout en bout sur sa vie personnelle, dont une interview de son ex-mari portugais détaillant les motifs de l'échec de leur mariage. Pas un jour ne passe, dès lors, sans que des hordes de journalistes viennent sonner à sa porte...

Joanne traverse une période difficile, désespérée de ne plus pouvoir écrire sereinement, et abattue par les mensonges qui circulent sur son compte. Incapable de lancer les sortilèges *« Impero ! »*, *« Riddikulus ! »* ni *« Petrificus Totalus ! »* contre les journalistes, elle passe des journées à se ronger les sangs. Soudain, lui reviennent en mémoire les paroles « prononcées » par Harry, lors de sa première apparition dans la campagne anglaise (dans le train Manchester-Londres, vous vous souvenez ?) : « À partir de maintenant, tu as trouvé ta voie, alors accroche-toi ! »

« Tu as raison, Harry ! », pense Joanne et, comme toutes les femmes de l'espèce humaine qui ont besoin de se remonter le moral lorsqu'elles sont déprimées, elle décide de s'offrir quelque chose de beau[1]. Il faut dire qu'elle peut enfin dépenser sans compter. L'objet du désir se trouve dans la vitrine d'un grand joaillier :

---

1. Ce comportement caractéristique des humains de sexe féminin nous semble infiniment plus bizarre et plus coûteux que celui des lutins du même sexe. En effet, en cas de déprime ou de mauvaise humeur, ces derniers appliquent d'efficaces techniques de relaxation apprises dès leur plus tendre enfance : lancer d'œufs volés, arrachage des feuilles d'arbres centenaires, décapitation de champignons comestibles. Les lutins femelles peuvent aussi agresser les lutins mâles à l'aide de piquants d'oursin ou de pinces de mantes religieuses, mais seulement au cours de disputes conjugales (*in* Bobby Lubie, *Altération du comportement psycholutin*, Éd. Perlaboule, Pays des Coucous, chapitre Troismousquetaires, p. quatrezieux).

un anneau en or surmonté d'une aigue-marine énorme, magnifique, parfaite. C'est le bijou que peuvent admirer les rares chanceux qui ont le privilège de l'approcher. Quand on lui demande d'où elle provient, JKR répond seulement : « Cette bague me rappelle ma devise : personne ne pourra jamais m'anéantir ! »

À partir de ce moment, de fait, l'ascension de JKR et de son petit sorcier ne fait que progresser. En octobre 1999, Joanne se rend aux États-Unis où sa tournée pour la promotion du *Prisonnier d'Azkaban* restera dans les mémoires comme un parfait exemple de délire de masse. Parmi un tas d'anecdotes étonnantes, on retiendra le cas malheureux d'un libraire du New Jersey mordu au sang par un parent apparemment plus vampire qu'humain, excédé de n'avoir pu approcher l'écrivain !

En octobre 1999, les revues économiques évaluent le chiffre d'affaires de JKR à 130 millions d'euros (plus de 850 millions de francs) en moins de vingt-neuf mois. Au printemps de l'année 2000, les trois premiers romans se sont vendus, dans le monde entier, à 13 millions d'exemplaires. Ils ont été traduits dans trente et une langues et dépassent tous les records dans les classements de ventes. Certains se sont même amusés à imaginer qu'en empilant tous les livres vendus dans le monde, on obtiendrait huit cent cinquante piles de la hauteur de l'Empire State Building !

Pendant ce temps, à Londres, une femme vit recluse et surprotégée. Ce n'est pas JKR, mais Emma Mathewson, l'éditrice[1] de Bloomsbury, qui travaille

---

1. *Éditeur, -trice :* si l'Éditeur est un personnage mythique, l'éditeur est un personnage critique. L'Éditeur est le dieu des écrivains moldus, l'éditeur est Son ange (du Jugement dernier). L'éditeur s'empare du manuscrit à peine accepté par l'Éditeur

sur *Harry Potter et la Coupe de Feu.* On l'a déjà agressée dans la rue et sa voiture a été forcée, à deux reprises, par des lecteurs manifestement trop impatients. Désespérée, elle a fini par informer le public par voie de presse que les épreuves ne se trouvaient plus chez elle, mais en lieu sûr. Elle ne gagne rien au change : on ne fait plus le guet devant chez elle, mais on la prend en filature. Quant à l'illustrateur, il ne reçoit plus de Bloomsbury que les pages comportant les scènes à illustrer.

Pourquoi tant de secret autour du quatrième roman ? Parce que les maisons d'édition anglaise et américaine avaient prévu un lancement conjoint pour la nuit du 8 juillet 2000, avec un tirage vraiment magique de 5 millions d'exemplaires, dont quatre destinés au marché américain.

En décembre 2000, Elizabeth II confère à JKR l'ordre de l'Empire britannique. Mais la petite Jessica tombe malade. JKR préfère ne pas la laisser seule et la rejoint sur-le-champ. La cérémonie à Buckingham Palace est reportée au 2 mars 2001.

Avant de découvrir les notes de Jean-Marie Euphorie sur cette gigantesque opération publicitaire, partons ensemble découvrir toutes ces choses étonnantes

---

en disant : « Voyons, voyons... » et se met au travail. Il lit, relit, annote, juge, pense, imagine, trace des lignes et des flèches, remplit la marge de gribouillis et de points d'interrogation. Cela fait, il montre à l'écrivain son manuscrit devenu plan de bataille et, page par page, lui explique tout ce qui ne va pas et qu'il faut réécrire ou éliminer ou adapter ou transformer. Parfois, il n'y a pas grand-chose à revoir ; parfois, tout est à refaire. Si l'auteur survit et répond : « D'accord ! », le livre est publié. Dans le cas contraire, c'est comme au jeu de l'oie : à deux cases de l'arrivée, l'écrivain retourne à la case départ, c'est-à-dire à l'agent (*cf.* Magichapitre zéro, p. 23).

au sujet du *Prisonnier d'Azkaban* et de *La Coupe de Feu.* Et pour commencer, voici, comme dans le chapitre précédent…

LES RÉPONSES DE NOTRE AUTEUR PRÉFÉRÉE
POUR SATISFAIRE VOTRE CURIOSITÉ

Comment vous est venue l'idée des Détraqueurs ?

Les Détraqueurs sont une bonne métaphore de la dépression dont JKR a été victime au cours des années qui ont suivi son divorce, lorsqu'elle est retournée en Angleterre avec Jessica et qu'elle n'avait pas de quoi vivre. Accablée par la mort de sa mère à l'âge de quarante-cinq ans, Joanne ne s'est jamais sentie aussi mal que durant cette sombre période. Comme elle l'explique aujourd'hui, « la dépression est ce que j'ai connu de plus désagréable dans ma vie. On devient incapable d'imaginer que l'on puisse un jour redevenir joyeux. La dépression aspire l'énergie et les pensées positives, elle vous anéantit. Comme le font les Détraqueurs… »

Où se trouve Azkaban ?

Au nord de la mer du Nord. C'est un endroit froid et horrible.

Et Poudlard* [Hogwarts, en anglais] *?

C'est un point indéterminé en Écosse, choisi par JKR en hommage à l'endroit où se sont mariés ses parents. L'écrivain le décrit comme un château plutôt inquiétant, hérissé de tours et de flèches. Il a l'air suffisamment ténébreux et magique pour qu'aucun

Moldu n'ait envie de s'y aventurer et encore moins de s'en porter acquéreur. Même chose pour le « Terrier » des Weasley, dont l'« original » se trouve quelque part du côté d'Ottery St. Catchpole.

Quel personnage JKR aime-t-elle le plus, hormis Harry, Ron, Hermione et Hagrid ?

Qui l'eût cru ? Le personnage secondaire que JKR préfère est le professeur Lupin. Selon elle, tous les enfants devraient avoir un professeur comme lui : expérimenté, intelligent et ferme, mais aussi gentil, sensible et compréhensif, comme le montrent ses relations avec le très distrait et plus gaffeur encore Neville Londubat. Mais le plus important chez ce personnage, c'est aussi sa faiblesse : lui aussi est blessé dans son corps et dans son âme. Comme le sont tous les handicapés, sa maladie le place à l'écart de la société dite « normale ». Lui souffre de lycanthropie, c'est-à-dire qu'il se prend pour un loup, mais dans le livre, son cas symbolise aussi l'ensemble des problèmes, des luttes et des souffrances que connaissent tous les adultes et que, bien souvent, les enfants ignorent.

Et Sirius Black ?

Sirius Black est un autre personnage que JKR aime bien. Personne ne le sait, mais elle a composé une minutieuse biographie du parrain de Harry, comme elle l'a fait pour tous les personnages les plus significatifs. « Les lecteurs n'ont pas besoin de connaître leur vie depuis leur enfance, mais il est très utile pour moi de savoir d'où viennent mes personnages, comment ils ont vécu et ce qu'ils ont déjà fait. J'ai les idées plus claires lorsque je dois les faire agir et leur rôle est ainsi plus cohérent. »

Où se cachent Sirius et Buck lorsqu'ils quittent Poudlard ?

Dans un endroit très chaud, presque tropical.

Pourquoi* Harry Potter et la Coupe de Feu *se finit-il aussi tragiquement ? Pourquoi faire mourir ce pauvre Cedric ?

C'est la question que l'on pose sans arrêt à Joanne. Sa réponse : elle avait très envie de mettre en évidence le courage incroyable de Harry dans le violent affrontement final avec Voldemort, mais aussi de montrer tous les aspects que peut revêtir le Mal, que ce soit dans les aventures de Harry ou dans la vie de tout un chacun. Le Mal peut provenir d'un psychopathe sanguinaire indifférent à la souffrance des autres (Voldemort), mais il peut également se glisser dans la peau de celui qui, par faiblesse et par peur, se met au service d'une brute cruelle au lieu de le combattre (Queudver). JKR rappelle les mots d'Albus Dumbledore à propos du choix : la valeur d'un homme dépend de sa façon de choisir ce qui est juste, non ce qui est facile. À ce propos, chers lecteurs, nous vous révélons, en avant-première, que le *choix de vie* sera justement l'un des thèmes développés dans les prochains romans...

Quant à la mort de Cedric Diggory, ce fut une lourde responsabilité à endosser car il est l'un des personnages les plus positifs et lumineux de l'histoire. Mais sa mort souligne la cruauté de Voldemort et contraste avec le dévouement de Harry, qui va jusqu'à ramener le corps de Cedric à sa famille. Ce passage a beaucoup ému JKR, mais c'est la scène du sortilège *Priori Incantatum* qui lui a fait verser sa première larme, lorsque, pendant le duel, la baguette de Voldemort fait apparaître James et Lily Potter qui s'adressent à Harry. Joanne a pleuré en l'écrivant et pleure encore chaque fois qu'elle la relit...

Pour le personnage de Rita Skeeter, JKR s'est-elle inspirée d'un journaliste en particulier ?

Non. Rita Skeeter est un personnage inventé, bien que JKR avoue que certains journalistes particulièrement envahissants, qui l'ont harcelée ces dernières années, l'ont bien aidée à affiner le personnage ! Son nom anglais, « Miss Skeeter », a la même sonorité que « *mosquito* », qui signifie « moustique », insecte à la fois énervant et tenace.

Et l'odieuse tante Marge ? Est-elle aussi inventée ?

Pas du tout ! Tante Marge est le portrait fidèle d'une affreuse tante de Joanne, Frida, qui aime réellement les chiens plus que les humains. Mais il semble qu'elle n'ait jamais réussi à la faire gonfler...

Quelle forme devrait prendre un Épouvantard pour effrayer JKR ?

Aucun doute là-dessus : l'Épouvantard serait une grosse araignée, comme celle que rencontre Ron. Ces animaux lui font horreur !

À l'inverse, si JKR était un Animagus, en quel animal aimerait-elle se transformer ? Et quelle est la créature magique qu'elle préfère ?

Si JKR était un Animagus, elle se transformerait sûrement en loutre joyeuse. Quant aux créatures fantastiques, Joanne avoue avoir un faible pour le Phénix. Elle trouve cet animal magnifique – elle a d'ailleurs glissé une de ses plumes dans la baguette magique de Harry…

Si JKR pouvait devenir sorcière, qui aimerait-elle être ?

Hermione, peut-être…

LES LECTEURS ONT TROUVÉ OÙ JOANNE S'EST TROMPÉE !

Nous n'allions pas méconnaître les remarques et les corrections que les fans de Harry Potter ont faites à la lecture du *Prisonnier d'Azkaban* et de *La Coupe de Feu* !

Harry Potter et le Prisonnier d'Azkaban

p. 63 Lorsque Harry pénètre dans la librairie Fleury et Bott, le directeur lui demande à brûle-pourpoint : « Élève de Poudlard ? Vous êtes venu chercher vos nouveaux livres ? », puis il se précipite vers la cage aux livres monstrueux. Comment peut-il deviner que Harry vient acheter l'un de ces livres sans savoir en quelle année il entre ? Aurait-il des pouvoirs magiques ? Apparemment non. Il semble, de plus, ignorer le niveau de Harry. Quand ce dernier réclame le guide *Lever le voile du futur*, le libraire constate : « Ah, vous allez étudier la Divination… »

p. 283 Marcus Flint est encore capitaine de l'équipe de Quidditch de Serpentard. Or, il était déjà en sixième année dans *L'École des sorciers*. Comment se fait-il qu'il soit encore au collège alors que les études de sorcellerie à Poudlard ne durent que sept ans ? JKR a reconnu cette invraisemblance, qu'elle justifie en faisant de Marcus Flint un redoublant…

Harry Potter et la Coupe de Feu

La publication du roman en Angleterre n'a pas été de tout repos pour la maison d'édition. Après avoir acheté le livre, le jour même de sa sortie en Angleterre, une petite fille de neuf ans, Lejla Banjar, de Welton (Sommerset), se précipite chez elle pour le dévorer. Parvenue au chapitre intitulé « Le rêve », elle se trouve bien dépitée, au point d'adresser aux éditions Bloomsbury un e-mail incendiaire qui dit en substance : « Cher éditeur, si Albus Dumbledore et Cornélius Fudge sont en train de formuler des hypothèses sur la disparition de Barty Croupton, comment est-il possible que nous lisions ensuite : "Dumbledore, partons ! s'exclama Croupton furieux" ? » Panique aux éditions Bloomsbury. Vérification immédiate : nom d'un lutin, la petite fille a raison ! Comme des centaines d'autres jeunes lecteurs, qui inondent bientôt le site de Bloomsbury d'e-mails de protestation. Résultat : des milliers et des milliers d'exemplaires se sont retrouvés au pilon et ont dû être remplacés !

Cela dit, cette énorme bourde sur Croupton n'était pas la seule erreur commise par les éditions américaine et anglaise... Voyez plutôt.

p. 68 Comme l'explique Arthur Weasley, les Portoloins sont des objets servant à transporter les sorciers d'un endroit à un autre, à une heure fixée à l'avance et que l'utilisateur connaît et doit respecter à la minute près. Mais, p. 566, le Trophée des Trois Sorciers devient un Portoloin qui conduit Harry et Cedric à Voldemort, sans même que ces derniers soient au courant. De plus, s'il était possible que Croupton transforme n'importe quel objet en Portoloin emmenant Harry vers Voldemort, pourquoi avoir attendu la fin du Tournoi ? Pourquoi n'avoir pas dès le début utilisé un objet appartenant à Harry, un stylo ou une chaussure, par exemple ?

FOULE EN DÉLIRE, HURLEMENTS, HYSTÉRIE... VOICI QU'ÉCLATE LA POTTERMANIE !

Aux États-Unis, ne pas assister au lancement de *Harry Potter et la Coupe de Feu* était déjà impensable pour beaucoup d'humains, alors imaginez ce que cela pouvait représenter pour nous, les lutins ! Le 8 juillet 2000 promettait d'être une date inoubliable !

Mais il fallait être un peu fou pour risquer de se retrouver écrabouillé entre des centaines d'enfants hurlants et des parents tout aussi déchaînés ! C'est évidemment Jean-Marie Euphorie, le plus joyeux, le plus optimiste et le plus inconscient d'entre nous qui a été désigné. Il est prêt à rire de tout, même si ce n'est pas drôle. Un exemple. L'année dernière, nous devions mettre à jour notre *Dictionnaire lutin des grands personnages humains.* Pour trouver des informations sur les personnages disparus, nous avons décidé de nous rendre directement dans l'au-delà (vous savez, l'endroit où se retrouvent ceux à qui l'on a jeté un *Avada Kedavra !*). Au bout de cinq minutes, nous mourions d'envie (c'est le cas de le dire) de retourner d'où nous venions. Un véritable cauchemar : température polaire, de la cendre partout et un vacarme d'enfer (c'est de nouveau le cas de le dire !). Rien à voir avec la paix ni avec le silence éternel... Un chahut inimaginable, pas même comparable à la pagaille des achats de Noël, à la foule amassée sur les Champs-Élysées le jour de la victoire au Mondial 98, à l'invasion de la Côte d'Azur au mois d'août...

On ne trouvait même pas quelqu'un qui puisse nous renseigner sur les gens que nous cherchions (Imaginez seulement la scène : *« Ding ! Dong ! L'empereur Napoléon est attendu à la réception par des lutins ! »*). Absolument rien pour nous aider. Nous avons dû compter sur le bouche à oreille... Bref, nous avons quitté l'au-delà au bout d'une semaine, poussiéreux, abrutis, furieux et exténués. Le seul d'entre nous qui eût l'air content était Jean-Marie Euphorie. Il sautillait gaiement en demandant quand nous pourrions retourner dans l'au-delà, parce qu'il voulait interroger je ne sais quel magicien sur l'utilisation des chaînes dans ses tours de magie... Une histoire de fous (humains) !

Jean-Marie est donc parti aux États-Unis, confortablement installé à califourchon sur le Concorde, notant jour après jour dans les carnets que vous vous apprêtez à lire la chronique de ces chaudes journées américaines. Il est étrange que les faits ici relatés en détail n'aient été mentionnés qu'à grand-peine dans la presse internationale de l'époque...

LES CARNETS DE VOYAGE DE JEAN-MARIE EUPHORIE

Ville au fameux pont du Chewing-gum*[1]*, mois de Jules César*[2]*, septième jour

L'heure approche ! Ce soir, à minuit, nous assisterons au lancement de *Harry Potter et la Coupe de Feu.*

1. New York.
2. Juillet.

La maison d'édition américaine a tout orchestré pour que marchands et libraires mettent le roman en vente exactement en même temps. Tous ont l'air de vouloir respecter l'accord. En attendant l'heure H, ils préparent le matériel de premiers secours tout en surveillant du coin de l'œil les enfants déguisés en sorciers et les parents exténués qui s'attroupent devant les vitrines... Les plus grandes librairies ont embauché des vendeurs en renfort. Barnes & Noble, le plus gros distributeur de livres, a déjà enregistré 360 000 réservations pour *La Coupe de Feu*, soit dix fois plus que pour le précédent roman, *Le Prisonnier d'Azkaban* !

La situation est plus critique pour Amazon, qui commercialise des livres sur Internet et qui devra livrer les 250 000 exemplaires réservés... d'ici ce soir. C'est presque Mission impossible 3 ! Imaginez que, au moment même où j'écris ces lignes, plus de neuf mille fourgons de *Federal Express* sillonnent les routes américaines pour distribuer ces trésors !

Ville au Pont du chewing-gum, mois de Jules César, jour du manège volant[1], heure du thé[2]

Voilà exactement dix-sept heures que le quatrième roman de Harry Potter est à la disposition des lecteurs. Aucun libraire n'a transgressé l'interdiction de le mettre en vente avant minuit, à l'exception d'un pauvre gérant de supermarché du conté de Chesterfield dont la montre avançait de dix minutes. Il a à peine eu le temps de mettre en vitrine ses vingt exemplaires qu'ils étaient déjà vendus. Durée de l'opération : trente secondes ! De sorte qu'à minuit, il

1. Le 8.
2. 17 heures.

a dû annoncer aux hordes de clients qui se pressaient devant son magasin que le livre était épuisé, ce qui a déclenché une bagarre générale !

Pour suivre de près les événements, dès le début de l'après-midi, je me suis assis sur un arbre, juste en face d'une grande librairie. La foule des petits sorciers et de leurs parents débordés n'a cessé d'augmenter jusqu'à la fin du jour. Peu avant minuit, tout ce monde a entonné en chœur le compte à rebours : trois, deux, un… zéro ! Alors, les portes de la librairie se sont ouvertes. Et là, j'ai senti un énorme appel d'air provoqué par l'engouffrement d'une horde d'enfants. On aurait dit un troupeau de bisons à la charge, à la différence près que les bisons ont la délicatesse de ne pas se piétiner les uns les autres !

Je viens de recevoir un message de Londres. Ce sont Inès Comtesse et Lise Marquise qui m'écrivent des jardins de la reine d'Angleterre. Il paraît que le lancement de *La Coupe de Feu* a eu des conséquences terribles dans la capitale anglaise. Le pire s'est produit à la gare de King's Cross, où les éditions Bloomsbury avaient organisé une grande réception en présence de JKR *herself*. Embouteillages historiques, invasion de centaines de petits sorciers et sorcières hurlants suivis de parents tout aussi nombreux ! On se demande même si certains ne sont pas montés par erreur dans des trains au départ… Quoi qu'il en soit, ils n'iront pas très loin : leurs costumes de Halloween aideront à les repérer…

Devant des librairies, les enfants ont patiemment fait la queue dès le début de l'après-midi, tout comme leurs parents qui, bien souvent, manifestaient davantage d'impatience !

***Ville du cinéma*[1]*, mois de Jules César, jour porte-bonheur*[2]**

L'adorable Carole Profiterole, la cousine française de Sabayon, vient d'arriver de Paris à cheval sur le Concorde. Elle raconte qu'elle a vu, sur les chaînes de télévision françaises, les scènes délirantes des lancements américain et anglais de *La Coupe de Feu*, qui lui ont rappelé la prise de la Bastille le 14 juillet 1789 (elle avait huit ans à l'époque et était en train de donner à manger à sa libellule sur l'une des tours de la forteresse au moment où l'assaut a été donné).

Carole et moi avons marché ensemble dans les rues de la ville, où la « folie Harry Potter » ne semble pas près de se calmer. Dans les librairies, les vendeurs offrent un cadeau à tous ceux qui achètent *Harry Potter et la Coupe de Feu* : un autocollant violet en forme d'éclair à se coller sur le front. Cela vous rappelle quelque chose ? Hélas ! comme on n'avait prévu que 650 000 autocollants, certains libraires ont dû embaucher des maquilleurs, transformant ainsi leur magasin en véritables chaînes de montage ! Dès qu'un enfant entre en demandant *La Coupe de Feu*, on l'installe sur une chaise où il gagne une séance de maquillage express. Cinq minutes après, l'enfant sort de la librairie, son roman sous le bras et une flèche au front. Et c'est là, sur le trottoir, que se produisent les drames. Les mères s'exclament : « J'espère que ça partira à l'eau ! », les enfants hurlent : « Moi, je ne me laverai plus jamais le front ! » Il semble d'ailleurs que des lavages forcés aient conduit certains enfants à casser leur tirelire pour s'acheter un autre exemplaire du livre, dans le seul but d'arborer une nouvelle flèche

1. Los Angeles.
2. Le 13.

sur le front... C'est peut-être pour cela que Harry Potter se vend si bien aux États-Unis !

***Ville de la Cloche de la Liberté*[1]*, mois de Jules César, même jour que Noël*[2]**

Demain, je serai de retour à la maison. Chouette ! La Forêt enchantée me manque vraiment (mais pas autant que les spécialités de Lasagne Cocagne !). Cela dit, l'Amérique m'a beaucoup plu. Après mon séjour dans la ville du cinéma, je suis passé par la ville à la Porte d'or[3] que j'ai arpentée en long et en large dans ces petits tramways étranges bondés d'humains. C'est vraiment très drôle dans les descentes ! Presque aussi amusant que notre Tobochâtaigne : on hisse des bogues en haut d'une pente, on s'accroche chacun à un piquant jusqu'à ce que l'un d'entre nous donne le feu vert, et hop ! on s'élance à toute allure...

Pour finir, voici quelques statistiques à propos de *Harry Potter et la Coupe de Feu*. En Angleterre, 370 000 exemplaires ont été vendus le jour même du lancement, tandis qu'en Allemagne, les ventes ont atteint le demi-million d'exemplaires !

Dans une prochaine vie, je voudrais être auteur de Harry Potter !

---

1. Philadelphie.
2. Le 25.
3. San Francisco.

Magijeux

(Réponses p. 255)

MOTS MAGICROISÉS DE *HARRY POTTER ET LA CHAMBRE DES SECRETS*

Horizontalement : 1) Fondateur de Serpentard. 2) Permet de converser avec les serpents. 3) Le fantôme le plus triste de Poudlard. 4) Arme de Harry contre Voldemort. 5) Ron a cassé la sienne. 6) Lettre explosive et bruyante. 7) Messagers de la Saint-Valentin. 8) Nom de Tom Elvis. 9) Transforme Harry en Goyle. 10) Maison des Weasley (et des lapins). 11) Un chien ténébreux. 12) Répare les os cassés.

Verticalement : a) Empêche Harry de retourner à Poudlard. b) Confie ses peines à son journal. c) Capitaine de Serpentard. d) Chien de Hagrid. e) Arbre qui frappe. f) Celui des Sorciers est de Traverse. g) Reine des araignées. h) Ford, modèle volant. i) Ron, puni, doit les astiquer.

MAGICASSE-TÊTE

1. Si le lendemain d'hier, nous étions vendredi, quel jour serions-nous demain ?

2. Jour de lessive à Poudlard : les elfes de maison ont lavé puis étendu les treize capes des professeurs. Même poids, même tissu : elles sont toutes identiques. Si une cape met deux heures et demie à sécher, combien de temps faudra-t-il à l'ensemble des treize capes pour être sèches, archi-sèches ?

3. Ron cherche à résoudre ce casse-tête imaginé par son frère Fred : en traçant un seul trait rectiligne, il doit couper en deux parties le cadran de l'horloge de telle sorte que la somme des nombres de chaque partie soit égale. Sauras-tu trouver la solution ?

MAGIQUIZ

1. *Qui est Gilderoy Lockhart ?*

a) Un professeur de Défense contre les Forces du Mal ?
b) Un élève de Serdaigle ?
c) Un élève de Poufsouffle ?

2. *À quoi sert la Potion Polynectar ?*

a) À se transformer en animal
b) À se transformer en une autre personne
c) À se transformer en objet

3. *Le contraire de* Lumos *est* :

a) Nix
b) Nux
c) Nox

4. *Que jette-t-on dans le feu pour se déplacer rapidement ?*

a) La poudre de Cheminette
b) La poudre d'Escampette
c) La poudre Éclair

5. *Quand le Strutoscope de poche s'allume-t-il ?*

6. *Qui a fondé la maison Poufsouffle ?*

a) Bertha Poufsouffle
b) Helga Poufsouffle
c) Olga Poufsouffle

7. *Quel âge a Dumbledore ?*

a) 100 ans
b) 150 ans
c) 1 500 ans

8. *Que fait apparaître l'*Aparecium *?*

a) Des mots écrits à l'encre invisible
b) Des mots écrits avec du sang
c) Des mots écrits en vert

9. *Hedwige est, à l'origine, le prénom :*

a) De la meilleure amie de JKR
b) D'une camarade de classe de JKR
c) D'une sainte

10. *Qui utilise le Retourneur de temps ?*

a) Rogue
b) Hermione
c) Ron

11. *Pour tuer sa victime, le Basilic doit :*

a) La regarder dans les yeux
b) Se coucher contre elle
c) L'étouffer avec ses anneaux

12. *Quelle fête Gilderoy Lockhart fait-il célébrer à Poudlard ?*

a) Halloween
b) La fête du Printemps
c) La Saint-Valentin

13. *Quel animal est Aragog ?*

a) Un crocodile ailé
b) Une énorme araignée
c) Un petit dragon

14. *À l'origine, qu'était le Vif d'Or ?*

a) Une simple balle
b) Un oiseau rare
c) Une balle qui ne se soumettait pas à la loi de la pesanteur

15. *Pourquoi a-t-on interdit, en 1368, de jouer à moins de cent miles des villes ?*

a) Parce que les supporters lançaient des fusées trop visibles et dangereuses pour la population
b) Pour éviter que les vainqueurs ne survolent les villes en balai après le match
c) Pour ne pas attirer l'attention de la population

16. *Quelles sont les dimensions d'un terrain de Quidditch ?*

a) 140 × 45 mètres
b) 180 × 70 mètres
c) 165 × 60 mètres

17. *Qui un Cognard attaque-t-il en premier ?*

a) Le joueur le plus proche
b) Le joueur le plus fort
c) Le joueur le plus loin

18. *À l'origine, quelle responsabilité les Gardiens avaient-ils ?*

a) Ne JAMAIS laisser marquer les adversaires
b) S'éloigner des cages, dès que possible, pour marquer
c) Essayer d'intimider les adversaires

MAGICHAPITRE TROISIÈME

Des effets spéciaux, des acteurs extra, L'École des sorciers cartonne au cinéma

(Les coulisses du film)

☛ *Magiguides : Encore nous, Martin et Isabelle, pour vous servir potins et nouvelles !*

« Je ne veux pas de ce Steven Spielberg ! » Telle fut la première réaction de JKR lorsqu'il fut question d'adapter le roman *Harry Potter à l'école des sorciers* au cinéma. Incroyable mais vrai ! Vous aussi, vous vous demandez comment dire non à une garantie assurée de succès mondial. Et pourtant, JKR a dit non à Spielberg… et non à bien d'autres choses ! Comment l'avons-nous su ? Nos méthodes sont décidément très efficaces… Cette fois, c'est Isabelle qui a trouvé l'idée géniale : métamorphosée en cacahuète, elle a passé des mois sur les tables et les comptoirs des bars fréquentés par les grands pontes de la compagnie cinématographique Warner Bros. Jour après jour, apéritif après apéritif, discussion après discussion, Isabelle a recueilli une tonne de renseignements sur le film à venir. Et quand je dis une tonne, je pèse mes mots. Je ne sais pas si nous pourrons vous dire tout ce que nous avons appris, mais nous allons essayer…

LORSQU'ELLE SE BRAQUE, NOTRE ÉCRIVAIN FAIT MARCHER LE PRODUCTEUR SUR LES MAINS !

Un million de dollars. Ou un million d'euros. C'est ce que coûte, en cette année 1997, le droit de transformer les pages de *Harry Potter à l'école des sorciers* en pellicule. C'est énorme ? Tout dépend du point de vue. Un million de dollars, pour JKR, c'est un rêve. Pour la Warner Bros, ce n'est pas grand-chose, une paille, une babiole, une broutille, ou encore, comme nous autres lutins dirions, une fiente de coccinelle. Mais la maison de production n'a pas l'intention d'investir davantage dans un projet lié à un écrivain qui n'est encore, à l'époque, qu'une illustre inconnue. Elle achète donc les droits... qu'elle oublie au fond d'un tiroir. On ne sait jamais : peut-être ce drôle de livre finira-t-il par avoir un peu de succès...

On sait aujourd'hui quel triomphe a accueilli *Harry Potter à l'école des sorciers* et, après lui, *La Chambre des Secrets* et *Le Prisonnier d'Azkaban.* Bien entendu, le tiroir ne reste pas longtemps fermé : il est maintenant grand temps de porter à l'écran les aventures du petit sorcier ! Pour ce faire, il faut trouver un grand nom, synonyme de recettes garanties. Et, entre nous, qui pouvait mieux faire l'affaire que le père des *Dents de la mer,* d'*Indiana Jones,* d'*E.T.* et de tous les dinosaures de *Jurassic Park* ?

Sollicité par la compagnie, Steven Spielberg accepte avec joie : le projet lui plaît et les idées fusent. Il a déjà en tête un acteur pour incarner Harry : Haley Joel Osment, le jeune protagoniste du film *Sixième Sens,* également tête d'affiche de son dernier film, *A.I. (Intelligence artificielle),* qu'il est en train de lancer à grand renfort de publicité, coproduit, comme par hasard, par la Warner Bros.

La nouvelle se répand comme une traînée de poudre, Haley est fier d'incarner, à douze ans, le héros des enfants du monde entier. Bref, tout va pour le mieux et les dirigeants de la compagnie Warner sont aux anges : on exulte, on se congratule, on trinque à la réussite du projet.

Et maintenant, direction l'Angleterre ! Dans le contrat de cession des droits, en effet, JKR s'est réservé la possibilité d'émettre son avis sur les différentes décisions concernant la conception et la réalisation du film. Mais ce ne sont que des formalités... On aura vite fait de convaincre cette chère Mme Rowling, à peine sortie de l'anonymat. Quel écrivain sain de corps et d'esprit refuserait un projet aussi grandiose ? Aucun, pensent à l'unisson les personnes concernées.

Et pourtant... Dès les premières minutes de pourparlers, force est de constater que JKR se braque. Elle refuse en bloc le réalisateur et son acteur fétiche !

« Haley Joel Osment ? Sans façon. Steven Spielberg ? Non plus, merci.

— Vous rendez-vous compte du succès qu'un tel film rencontrerait ?

— J'en suis parfaitement consciente. Mais ce ne serait pas *mon* Harry Potter ! Harry doit être, sur l'écran, *exactement* comme je l'ai créé dans les livres. Et le film devra être anglais à 100 %, tourné en Angleterre, avec des acteurs anglais. Au revoir ! »

Une douche écossaise, c'est le cas de le dire !

Les producteurs reviennent bredouilles à Hollywood. Puis ils réfléchissent. Un film anglais, tourné en Angleterre, avec des acteurs anglais ? Certes. Mais JKR n'a pas parlé de metteur en scène anglais ! Cherchons donc un bon metteur en scène, jeune, sachant travailler avec des enfants – car il y en aura un paquet dans ce satané film !

Parmi les quatre ou cinq candidats retenus, c'est Chris Columbus qui est désigné pour relever le défi. Créateur de *Madame Doubtfire* et de *Maman, j'ai raté l'avion*, il est parfaitement à l'aise, non seulement avec les enfants, mais aussi avec les effets spéciaux qui ne devraient pas manquer dans un film « magique ». Columbus n'hésite pas une seconde. De plus, voilà des mois que sa fille le tanne pour qu'il lise *Harry Potter* ! Qui sait, c'était peut-être son destin ! Il part aussitôt à Londres, où il conquiert JKR en lui faisant deux promesses (qu'il tiendra) : d'une part, le film sera le plus fidèle possible au roman, d'autre part, les acteurs seront tous britanniques.

L'étape suivante se révèle plus délicate. Il s'agit, en effet, de trouver un scénariste capable de rédiger les dialogues et d'imaginer les situations sans entrer en collision avec JKR, qui, comme Hollywood l'a bien compris, ne laissera pas n'importe qui faire n'importe quoi ! Le courageux qui relève cette mission impossible est Steve Kloves *(Susie et les Baker Boys)*. Lorsqu'ils se rencontrent, JKR est aussi nerveuse que lui : après tout, se dit-elle, il pourrait bien détruire *mon* Harry ! Cependant, ils trouvent très vite un terrain d'entente :

« Savez-vous lequel de vos personnages je préfère ? demande Kloves à JKR.

— Non, lequel ? répond poliment JKR, certaine que, pour ne pas se mouiller, il citera Ron, puisque *tout le monde l'aime !*

— J'adore Hermione ! »

JKR est enfin rassurée : Hermione est l'un de ses personnages préférés. Dès lors, JKR et Kloves deviennent amis. Ils créent même ensemble, pour le film, une scène particulièrement délicate qui n'existe pas dans le livre : le flash-back émouvant dans lequel Lily Potter câline le petit Harry dans la maison de Godric's

Hollow, juste avant que Voldemort la tue ainsi que son mari.

Reste à choisir les acteurs. Les responsables travaillent sur deux fronts. D'une part, ils entrent en contact avec des stars internationales pour les rôles des adultes ; d'autre part, ils s'efforcent de dénicher les nombreux enfants qui joueront les personnages de Harry, Hermione, Ron, Malefoy et de tous les élèves de Poudlard.

En ce qui concerne les premiers, le metteur en scène et ses collaborateurs n'en reviennent pas : tous les grands noms du cinéma qu'ils sollicitent acceptent avec enthousiasme la proposition. Même Maggie Smith, l'austère actrice du théâtre et du cinéma anglais, se déclare ravie d'incarner Minerva McGonagall à l'écran.

Pour le rôle de Rubeus Hagrid, JKR suggère de contacter l'acteur qu'elle a en tête : Robbie Coltrane, le méchant gangster russe Zukowski, rival de James Bond dans *James Bond 007, le monde ne suffit pas*, accepte avec plaisir.

Le « oui » le plus surprenant provient du grand Richard Harris, qui accepte d'emblée le rôle d'Albus Dumbledore (il mourra en octobre 2002, après le tournage de *Harry Potter et la Chambre des Secrets*).

À l'instar de ces vedettes, d'autres acteurs s'engagent pour jouer les rôles de Pétunia Dursley (Fiona Shaw), Mme Bibine (Zoe Wanamaker), Severus Rogue (Alan Rickman), Mr Ollivander (John Hurt).

Parallèlement la recherche effrénée d'enfants incarnant Harry, Hermione, Ron et les autres a commencé. Une équipe sillonne l'Angleterre et fait passer des auditions au pied levé dans les écoles, tandis que sur la chaîne télévisée BBC et sur Internet sont diffusées des annonces pour trouver des candidats anglais âgés de neuf à onze ans. Les enfants intéressés sont priés d'envoyer une cassette vidéo sur laquelle ils se présentent, racontent une histoire drôle et lisent un extrait de leur choix tiré d'un des trois livres de JKR publiés à l'époque (*La Coupe de Feu* était encore dans son ordinateur). Des dizaines de milliers de candidats se présentent pour le seul rôle de Harry Potter, et la compagnie Warner se retrouve littéralement inondée de cassettes vidéo ! C'est trop pour Susie Figgis, la responsable du casting, qui se retire.

Après un premier écrémage, on compte encore plusieurs centaines d'enfants à qui l'on propose de passer une vraie audition. Chaque candidat devra réussir, l'une après l'autre, trois épreuves : il s'agit d'abord de lire une page de roman devant des caméras. Si la lecture est concluante, le candidat devra ensuite, toujours devant les caméras, jouer la scène de l'arrivée à Poudlard. Les rares candidats qui auront survécu aux deux premières épreuves devront enfin lire trois pages du scénario devant Chris Columbus en personne.

Des semaines s'écoulent et Columbus visionne bout d'essai sur bout d'essai, mais rien ne le satisfait vraiment. En fait, une idée l'obsède depuis qu'il a vu l'adaptation télévisée de *David Copperfield*, sur la BBC : il ne voit personne d'autre que Daniel Radcliffe, onze ans, le jeune protagoniste du téléfilm, dans le rôle de Harry Potter. Le metteur en scène finit par le convoquer... mais les parents de Daniel l'envoient promener ! Certes, leur enfant a toujours voulu être acteur, il a joué dans *David Copperfield* et jouera bientôt dans *Le Tailleur de Panama*, mais de là à devenir Harry Potter, sa vie en serait trop bouleversée !

Quelques jours après avoir essuyé ce refus, Chris Columbus se rend au théâtre avec David Heyman, le producteur exécutif du film. Lequel aperçoit dans la foule... Mr Radcliffe *himself*, accompagné du petit

Daniel. Heyman connaît Radcliffe depuis des années. Il l'invite, ainsi que son fils, à dîner après le spectacle, et profite de l'occasion pour réitérer la proposition du metteur en scène. À la fin du repas, les Radcliffe finissent par céder : Daniel passera une audition.

Comme vous vous en doutez, son jeu d'acteur fait l'unanimité. Même JKR est d'accord. Chris Columbus bondit de joie : son intuition était bonne ! On a trouvé Harry Potter ! Le dernier à l'apprendre... est Daniel. Un matin, le téléphone sonne alors qu'il barbote dans son bain. Quelques minutes plus tard, sa maman se précipite pour lui annoncer qu'il a été pris pour le rôle de Harry Potter... Comme il le racontera plus tard, il reste bouche bée, le temps de réaliser ce qui lui arrive, avant que l'émotion ne le fasse verser des larmes de joie dans son bain moussant...

Sur le plateau de tournage, il retrouvera Maggie Smith (*alias* Minerva McGonagall), au côté de laquelle il avait joué dans *David Copperfield.* Ron et Hermione, quant à eux, ont été dénichés d'une tout autre manière. Un jour, Rupert Grint, onze ans, répond à l'annonce de Warner Bros sur Internet. Sur la cassette qu'il envoie, il affirme avoir pris des cours de théâtre. C'est un mensonge éhonté, il a seulement joué dans des spectacles de fin d'année à l'école. Mais il faut croire qu'il est doué pour la comédie puisque, au cours des auditions, il surpasse tous les autres Ron potentiels. C'est ainsi qu'il devient le meilleur ami de Harry Potter...

Emma Watson, la future Hermione, a été sélectionnée au cours d'une audition à l'école. Elle se souvient aujourd'hui de sa réaction lors de l'arrivée de l'équipe dans les classes. Elle avait neuf ans à l'époque, et elle est restée songeuse lorsqu'on a demandé : « Nous cherchons des acteurs pour le film de Harry Potter, est-ce que certains d'entre vous sont intéressés ? » Sa seule et unique expérience en matière de théâtre avait consisté à jouer le rôle de la fée Morgane dans une représentation scolaire des *Chevaliers de la Table ronde.* Elle a tout de même passé une audition, sans se faire d'illusion, étant donné le nombre de candidates qui, comme elle, s'étaient présentées pour le rôle. Mais elle se répétait : « On ne sait jamais… » Un jour, on l'a convoquée pour une audition, puis pour une deuxième, une troisième, une quatrième, comme Rupert Grint. Alors qu'elle s'attendait à repasser une cinquième audition, elle s'est retrouvée dans le bureau de Chris Columbus qui lui a annoncé : « C'est toi qui seras Hermione Granger ! »

ET MAINTENANT, VOYONS SANS PLUS TARDER OÙ LES SCÈNES ONT ÉTÉ TOURNÉES…

Le tournage commence au mois de septembre 2000. On a dû installer un nombre incalculable de plateaux de tournage pour les scènes en extérieur. On a du mal a imaginer, lorsqu'on regarde le film, que chaque scène a été tournée dans des endroits différents. Isabelle Bonnenouvelle vous propose ici une liste détaillée des sites en question, dans l'ordre de leur apparition à l'écran.

Maison des Dursley, Privet Drive, 4	Martin's Heron (Bracknell, Berkshire), Picket Post Close 12[1]

1. Après le tournage du film, le prix des maisons de Martin's Heron a augmenté de 25 %. La famille vivant au n° 12 s'arrache les cheveux : pas un jour ne passe sans que des touristes curieux ne posent pour des photos-souvenirs devant leur maison ou, pire, ne sonnent à la porte et demandent à voir le fameux placard à balais sous l'escalier…

Vivarium des reptiles	Zoo de Londres, Regent's Park[1]
Métropolitain de Londres	Lignes Waterloo et City
Banque Gringotts	Londres, Aldwich, Australia House
Gare de King's Cross	Les scènes sur le quai n° 9 3/4 ont été tournées entre le quai n° 4 et le quai n° 5[2].
Gare de Pré-au-Lard	Gare de Goathland, Yorkshire[3]
	POUDLARD
Cours de vol de balai et match de Quidditch	Château d'Alnwick[4] (dans le Northumberland, près de la frontière avec l'Écosse)
L'une des classes	Cathédrale anglo-normande de Durham[5]
Scènes d'intérieur	Abbaye de Lacock (Chippenham, Wiltshire)[6]

---

1. On peut aider l'institut de recherche en « adoptant » le boa constricteur. En échange de 51,65 €, vous seront envoyés un certificat de parrainage et une photo.
2. La locomotive rouge est la glorieuse Great Western Olton Hall, n° 5927, année 1937.
3. Cette gare pittoresque est restée intacte depuis son inauguration. Elle se trouve sur la North Yorkshire Moors, l'une des nombreuses lignes de chemin de fer à vapeur que les Anglais ont su préserver et entretiennent avec soin.
4. C'est la plus grande forteresse habitée de toute l'Angleterre après la résidence des Windsor. On y a également tourné *Robin des Bois.*
5. La production avait demandé l'autorisation de tourner dans la cathédrale de Canterbury, immense emblème de l'Église anglicane. Mais le doyen a refusé à cause des trop nombreux symboles païens qui émaillent les romans de JKR.
6. L'abbaye est surtout connue parce que le grand inventeur William Talbot, pionnier de la photographie, y a vécu.

Grande Salle	Christ Church College, Great Hall, université d'Oxford[1]
Infirmerie	Divinity School, université d'Oxford[2]
Bibliothèque	Duke Humphrey's Library, université d'Oxford
Entrée de la salle des Gryffondor et toilettes de la scène du Troll	Cloître de l'angle sud-ouest de la cathédrale de Gloucester[3]

La plupart de ces sites figurent dans un « Harry Potter Tour » organisé par l'Office du tourisme britannique, qui connaît un fort succès auprès des groupes de touristes et d'élèves en voyage scolaire. Des milliers de jeunes qui soupiraient auparavant à la seule idée de visiter des châteaux et des cathédrales trépignent maintenant pour voir, toucher, explorer… Il n'est désormais plus rare d'y entendre : « Regarde là-haut, c'est Hedwige ! »

LE FILM, À SA SORTIE EN SALLES, CONNAÎT UN TRIOMPHE SANS ÉGAL !

La sortie du film et sa permanence à l'affiche sont à la mesure du phénomène de délire collectif et de

1. C'est ici qu'ont étudié, entre autres, Albert Einstein et Lewis Carroll, l'auteur de *Alice au pays des merveilles.*
2. C'est la salle de lecture la plus ancienne de l'université d'Oxford.
3. Les élèves de l'école voisine King's School ont fait de la figuration dans le film.

records qui avait accompagné la publication des romans et ce, à l'échelle mondiale !

Nous, les lutins, avions prévu d'envoyer Jean-Marie Euphorie aux avant-premières dans les différentes capitales, mais une épidémie de papillonite[1] nous a tous cloués au lit, y compris Jean-Marie. Nous avons dû nous contenter des ragots et des gros titres de journaux glanés çà et là.

Pour ne pas vous ennuyer, nous avons demandé à Lucie Sténographie, la sœur aînée de Sophie Amnésie, de vous faire une synthèse des événements.

DRÔLES DE DÉCLARATIONS

J. K. Rowling

☺ « Il ne m'est jamais venu à l'idée que tourner un film puisse nuire au livre, sinon je n'aurais pas cédé les droits. »

☺ « Pourquoi suis-je arrivée en taxi à la première du film à Londres ? Parce que je n'ai pas le permis ! »

☺ « Sur la couverture des livres, Harry a une cicatrice en forme de flèche sur le front. Dans le film, elle se trouve à droite, au-dessus

1. La papillonite frappe le *Lutinus Fantasticus* entre vingt-cinq et cent vingt ans. La victime est sujette à des décollages inopinés et imprévisibles provoqués par d'irrépressibles mouvements des bras et des jambes semblables aux battements d'ailes des papillons. Lorsque la papillonite touche un grand nombre de lutins qui s'élèvent en même temps dans les airs, les humains sont persuadés de voir d'énormes essaims d'insectes volants. On vient à bout de la maladie en immobilisant les sujets atteints sous dix chapeaux d'amanites tue-mouches pendant un cycle lunaire entier. (Source : *La Maladie sur terre. L'Interprétation hasardeuse de la maladie du lutin par les humains,* Éd. Ciguë Magique, Pays des Pansements, 1866, p. 57.)

de l'œil. C'est Chris Columbus et moi qui en avons décidé ainsi. Notez que dans les romans, je n'ai jamais précisé de quel côté elle figure... »

Chris Columbus

☺ « On me reproche parfois d'avoir manqué d'imagination en souhaitant rester fidèle au livre. Mais quand on travaille sur Shakespeare, on ne vous demande pas d'avoir de l'imagination ! »

Richard Harris (alias *Dumbledore*)

☺ « Je n'ai jamais vu une foule pareille à la première d'un de mes films. Impressionnants, tous ces enfants déguisés en sorciers ! Harry Potter est donc aussi célèbre que cela ! »

Daniel Radcliffe (alias *Harry*)

☺ « Une expérience magnifique ! Je n'ai eu peur qu'à deux reprises. La première, au début du tournage, lorsque je me suis rendu compte que Emma, Rupert et moi allions travailler avec cent cinquante autres enfants. C'est là que j'ai réalisé que je m'étais engagé dans une sacrée entreprise ! La seconde fois, j'ai tremblé à la première du film à Londres. Je n'osais pas descendre de voiture. Voir tous ces enfants qui hurlaient mon nom me paralysait ! »

☺ « Ma scène préférée ? Sans aucun doute, celle du match de Quidditch, très émouvante à l'écran ! »

Emma Watson (alias *Hermione*)

☺ « Ma réplique préférée ? Peut-être lorsque je dis à Harry et Ron : "Je vais me coucher avant que l'un d'entre vous ne trouve une autre idée pour se faire tuer ou pire... expulser !" »

☺ « Si je ressemble à Hermione ? Pas tellement. C'est une bûcheuse obsédée par ses livres. Moi, j'aime bien travailler, mais j'ai aussi besoin de m'amuser. D'autre part, je pense avoir meilleur goût qu'elle en matière de mode vestimentaire ! »

***Rupert Grint* (alias *Ron*)**

☺ « Certains disent que le film ôte de l'intérêt au livre. Pour moi, c'est tout le contraire, il en ajoute. »

☺ « Des instants magiques ? Lorsque je suis arrivé sur le plateau de tournage de la scène du premier banquet de l'année, dans la Grande Salle. J'ai levé les yeux... Toutes ces bougies allumées avaient l'air de voler toutes seules. C'était vraiment magique ! »

ET MAINTENANT, LES GROS TITRES…

➢ **Harry sur l'affiche la plus grande du monde !**
À Berlin, sur l'Alexander Platz, on a juxtaposé trois cents feuilles pour créer une affiche géante (1 200 m²) qui recouvre vingt étages de la tour du Forum Hotel !

➢ **Harry projeté dans un nombre de salles record !**
Aux États-Unis, il est programmé à sa sortie dans 3 672 salles de cinéma, contre « seulement » 3 653 pour *Mission impossible 2*.

➢ **Recette record pour le sorcier de Poudlard !**
Le jour de sa sortie aux États-Unis, le 16 novembre, la recette du film s'est élevée à 30 millions de dollars. C'est 3 millions de plus que la recette de *La Guerre des étoiles* à sa sortie !

➢ **Harry le sorcier : un record après l'autre !**
Aux États-Unis, 93,5 millions de dollars de recettes le week-end de la sortie du film ! Record battu également pour les recettes quotidiennes. En Angleterre, premier week-end record avec 23 millions d'euros de recettes…

➢ **Incroyable succès en Italie !**
11 milliards de lires (55 millions d'euros) de recettes le premier week-end de programmation !

➢ **Chiffre record pour les droits télévisés de *Harry Potter*.**
La chaîne américaine ABC a déboursé 70 millions de dollars pour les droits de retransmission de *Harry Potter à l'école des sorciers* et de *Harry Potter et la Chambre des Secrets* à la télévision, pour une période de dix ans.

➢ **En Chine, les « pirates » de Harry « distribuent » le film...**
... avant même qu'il ne sorte en salle !

➢ **En Angleterre, c'est déjà le film le plus piraté de l'histoire du cinéma !**
10 000 copies se sont vendues comme des petits pains sur le marché noir.

➢ **Un député allemand s'écrie : « Arrêtez la projection de Harry Potter ! »**
Motif : survalorisation des puissances occultes, excessive pour un public de six ans !

➢ **Alarme chez nos amis ailés !**
Les écologistes britanniques redoutent la mode des hiboux offerts à Noël... et abandonnés à Pâques ! *Les 101 Dalmatiens* ont servi d'exemple...

L'information la plus étrange...

Si l'on calcule le rapport arithmétique entre la durée du premier film et le nombre de pages du premier roman, on peut s'amuser à imaginer la durée probable des autres films en appliquant le même barème. Ainsi, puisque *L'École des sorciers* dure 2 h 29 pour 298 pages, *La Chambre des Secrets*, qui en compte 354, devrait logiquement durer 2 h 57. *Le Prisonnier d'Azkaban* (454 pages) garderait les spectateurs 3 h 47, tandis que *La Coupe de Feu* (764 pages) obligerait les salles à projeter un film de plus de 5 heures, avec, il faut l'espérer, un service de boissons et de plateaux-repas compris dans le prix du billet !

… et la plus animale

Qui se cache derrière les vols de Hedwige et les performances des autres animaux, très nombreux dans le film ? C'est Gary Gero, le plus grand dresseur de Hollywood, déjà présent sur le tounage des *101 Dalmatiens* et de *Docteur Doolittle.* Lors d'une interview accordée à la BBC, il a déclaré que la scène la plus difficile à réaliser avec la chouette Guizmo (*alias* Hedwige) fut celle de la Grande Salle, lorsque le rapace, survolant la table des Gryffondor, était censé arriver au-dessus de Harry avant de lâcher le paquet contenant le Nimbus 2000. Cet exploit a nécessité quatre à cinq mois de préparation !

À la fin du tournage, Guizmo/Hedwige s'est accordé quelques heures de liberté en s'échappant de la volière où elle se reposait dans l'attente du deuxième film. Panique chez ses hôtes ! Les enfants du quartier dans lequel on l'a retrouvée, quelques jours plus tard, tranquillement perchée sur un toit, étaient, en revanche, ravis de cette fugue…

Magijeux

(Réponses p. 257)

MOTS MAGICROISÉS DE *HARRY POTTER ET LE PRISONNIER D'AZKABAN*

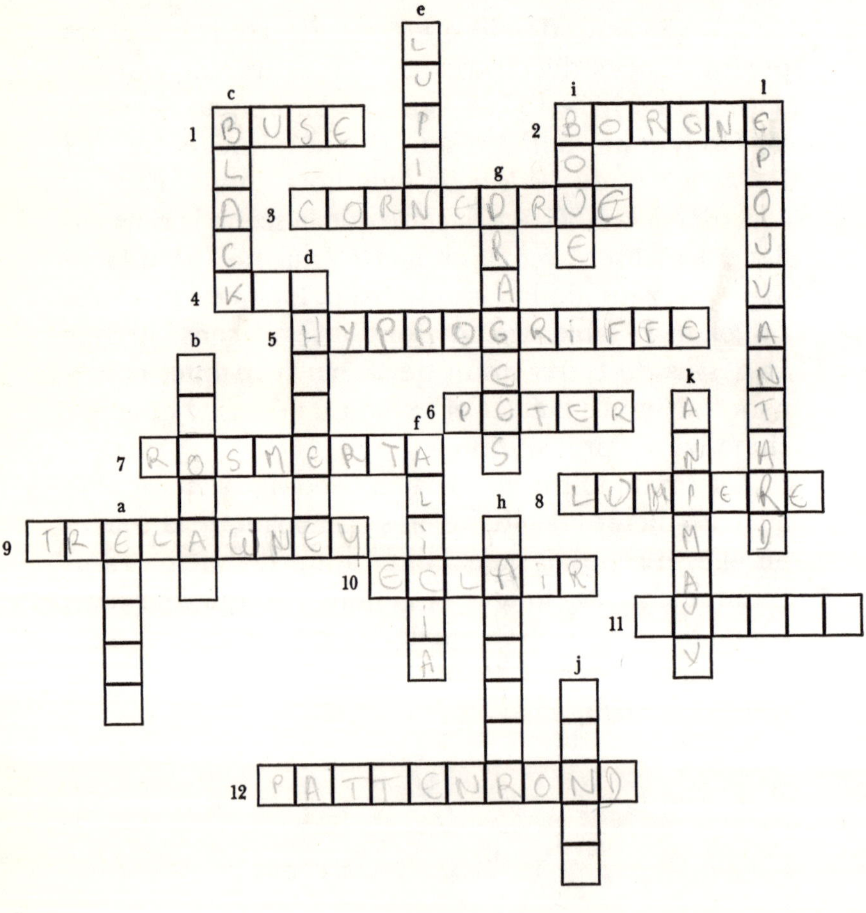

Horizontalement : 1) Diplôme de magie. 2) La sorcière à la porte l'est. 3) James Potter en Animagus. 4) Cadeau d'Hermione à Harry pour l'entretien de son balai. 5) Buck en est un. 6) Vrai prénom de Queudver. 7) Sert aux Trois Balais. 8) Nox l'éteint. 9) Divination et prédictions sont ses spécialités. 10) De feu, il est le plus rapide. 11) Lieu de vacances des Weasley. 12) Chat de Hermione.

Verticalement : a) Prénom du chauffeur du Magicobus. b) Dean, ami de Harry. c) Parrain de Harry. d) Transformée en tortue. e) Doit boire la potion Tue-loup. f) Spinnett, de Gryffondor. g) Celles de Bertie Crochue sont pleines de surprises. h) Bourreau de Buck. i) Le terrain de Quidditch en est recouvert lors du match Gryffondor-Poufsouffle. j) Écritures secrètes. k) Sirius et Minerva McGonagall en sont. l) Incarne les angoisses de celui qui le rencontre.

MAGICASSE-TÊTE

1. Hermione Granger, Lavande Brown, Angelina Johnson et Katie Bell de Gryffondor doivent affronter leurs adversaires de Serpentard au cours d'un tournoi de tennis féminin. Pour s'entraîner, elles décident que chacune d'entre elles jouera contre les trois autres. Combien de matchs devront-elles jouer en tout ?

2. Mrs Weasley a décidé de préparer un dessert magique. Elle a besoin de 100 ml de liqueur d'étoiles filantes, mais ne possède que deux verres doseurs, respectivement de 400 et 500 ml. Comment doit-elle s'y prendre pour mesurer exactement 100 ml ?

3. Le professeur Chourave a acheté les graines d'une nouvelle plante magique qui donne des fleurs d'or pur. Cette plante a une croissance très rapide : sa taille double chaque jour. Le professeur a planté les graines un samedi et découvre, le jeudi suivant, que les plantes atteignent le plafond de la serre. Quel jour les plantes ont-elles atteint la moitié de la hauteur de la serre ?

MAGIQUIZ

1. *Où Harry embarque-t-il sur le Magicobus ?*

a) À Pré-au-Lard
b) À Magnolia Crescent
c) Sur le Chemin de Traverse

2. *Combien d'étudiants y a-t-il à Poudlard ?*

a) 3 000
b) 10 000
c) 1 000

3. *Que signifie le nom « Dumbledore » ?*

a) Aigle
b) Bourdon
c) Serpent

4. *Derrière la statue de la sorcière borgne, que doit dire Harry pour ouvrir le passage pour Pré-au-Lard ?*

a) Vissidium
b) Dissidium
c) Dissendium

5. Mobiliarbus *sert à :*

a) Faire tomber les objets
b) Faire voler les objets
c) Déplacer les arbres

6. Mobilicorpus *permet de :*

a) Déplacer les objets
b) Lire sans s'arrêter
c) Faire bouger les corps comme des marionnettes

7. *Pour bloquer un agresseur, on a recours au sortilège :*

a) *Locomotor Mortis*
b) *Corpus Blocus*
c) *Impedimentum Persona*

8. *Quelle est la potion soporifique la plus puissante ?*

a) La Goutte du Mort vivant
b) La Goutte du Sommeil éternel
c) La Goutte du Bois dormant

9. *Que boit-on aux Trois Balais ?*

a) De la Bièrausucre
b) De la Bièraubeurre
c) De la Bièraleau

10. *À Pré-au-Lard, comment s'appelle le magasin de farces et attrapes ?*

a) Zonko
b) La Cabane hurlante
c) Honeydukes

11. *Qu'étudie l'arithmancie ?*

a) Les plantes médicinales
b) Les nombres magiques
c) La géométrie non euclidienne

12. *Quelle malédiction est fatale ?*

a) *Tecla Kedeke*
b) *Avada Kedavra*
c) *Kadavra Morta*

13. *Qu'est-ce qu'un Animagus ?*

14. *Un joueur de Quidditch a-t-il le droit de tenir un autre joueur pendant le match ?*

a) Oui
b) Non
c) Seulement s'il ne lui fait pas mal

15. *L'usage des baguettes magiques est-il autorisé sur le terrain ?*

a) Oui
b) Non
c) Seulement si on ne les utilise pas contre l'équipe adverse

16. *Qu'est-il arrivé à l'arbitre Cyprian Youdle durant un match amical en 1357 ?*

a) Il s'est évanoui
b) Il est mort
c) Il s'est transformé en crapaud

17. *Quel est le sortilège le plus dangereux qu'ait subi un arbitre ?*

a) La métamorphose en animal
b) La métamorphose en objet
c) La métamorphose en Portoloin

18. *Qui joue dans l'équipe des Harpies de Holyhead ?*

a) Seulement des sorcières
b) Seulement des sorciers
c) Seulement les sorciers de plus de 100 ans

MAGICHAPITRE QUATRIÈME

Des films, des livres, de nouvelles émotions… Les fans de Harry se comptent par millions !

(L'Ordre du Phénix, le Prince de Sang-Mêlé *et les nouveaux films)*

☛ *Magiguides : Camille Quille et Jean-Marie Euphorie, en personne !*

Mais où donc étiez-vous passés ? Nous, nous sommes là, sous cette espèce d'ombrelle géante. Ce n'est pas un parasol, c'est un hybride végéto-animal, le champignon perroquet que Forsythia et Narcisse ont rapporté de leurs magivacances aux Antilles. Son nom est Coco Bolet. Lorsqu'il est arrivé, il avait déjà la taille d'un guéridon. Si l'acclimatation à notre belle contrée a, pour un temps, ralenti sa croissance, il se porte désormais comme un charme et je peux vous assurer qu'il sera bientôt aussi grand qu'un stade couvert. C'est ici que nous accourons pour nous abriter du soleil. Mais aussi pour rire, car la particularité de Coco Bolet, c'est de répéter tout ce qu'il entend… en allongeant les syllabes ! C'est à mourir de rire ! Patience, vous aurez bientôt l'occasion de l'entendre…

Bon, où en étais-je ? Magerlipopette ! J'ai tellement de choses à vous raconter ! Isabelle Bonnenouvelle et Louise Surprise ont pris un tas de notes sur les romans et les films à venir. Elles vous prient d'excuser leur absence, mais elles avaient une autre mission, de la plus haute importance : elles sont en quête des magiarchives dans lesquelles ils pourront enfin trouver l'antique recette babylonienne du Magiginger, un délice de crème fouettée, de mûres, de framboises, de caramel et de gingembre, sous des jardins suspendus de pain d'épices, que Meringue et Lasagne vont présenter au magiconcours international Tartenfolie.

« Foooooooooollllliiiiiiiiiiiiiiiiiiiiiiie ! »

Tiens, c'est Coco Bolet qui se manifeste ! N'y prêtons pas attention. Concentrons-nous plutôt sur Harry Potter et sur tout ce qui lui est arrivé depuis la sortie de *La Coupe de Feu*...

L'Ordre du Phénix, best-seller effroyable, laisse ses lecteurs inconsolables

La longueur de *Harry Potter et le prisonnier d'Azkaban*, davantage encore celle de *Harry Potter et la Coupe de Feu*, avait surpris les fidèles lecteurs des aventures du jeune sorcier. Mais le tome cinq, *Harry Potter et l'Ordre du Phénix*, publié en décembre 2003, a battu tous les records !

« Reeeeecooooooooords ! »

J. K. Rowling avait beaucoup de choses à dire ! Passé le choc du poids de l'ouvrage – que nous avons transporté non sans peine jusqu'à la Magiforêt –, un autre coup de magimassue nous attendait. Voyez ce qui nous est arrivé : alors que nous étions sur le point de nous réunir dans la Clairière enchantée pour notre traditionnelle séance de lecture en groupe (au cours de laquelle les Lutins Lecteurs sont tirés au sort à la Courte Braise[1]), nous avons vu accourir Patrick

1. Nous, les Lutins Coquins, pratiquons toujours des tirages au sort un peu spéciaux, comme vous avez déjà pu vous en rendre compte...

Trafic, un lutin commerçant qui a développé un incroyable réseau d'échanges entre nous, lutins de la Magiforêt, et nos cousins Lutins Coquins dispersés dans toute la galaxie.

« Regardez donc ce que je vous ai apporté ! », s'est-il exclamé en tendant à chacun d'entre nous un exemplaire de *L'Ordre du Phénix*, en échange de quelques tonnes de baies de sureau destinées à la confection d'un sirop antitussif.

« *Tuuuuuussssssssiiiiiiiif !* »

Bref. Nous nous sommes séparés : les garçons d'un côté, les filles de l'autre. Au bout de quelques heures, tandis que nous étions allongés sur nos hamacs en feuilles de lierre, absorbés par notre lecture (je dois reconnaître que certaines longueurs m'ont arraché quelques bâillements ; on peut dire qu'elle est bavarde, JKR... ah ! ces femmes, toutes les mêmes !), au bout de quelques heures de tranquillité, dis-je, un hurlement strident s'est fait entendre soudain, suivi de sanglots et de plaintes provenant de la salle de lecture des femmes – la Clairière ombragée, située sous le Mélèze de Velours aux aiguilles douces dont les filles font des brosses à cheveux. Sur le moment, nous avons haussé les épaules, tandis que Narcisse se moquait de Lasagne qui, selon lui, avait dû laisser brûler quelque chose dans le four tant la lecture devait l'absorber... Nous nous sommes vite rendu compte qu'il ne s'agissait pas de Lasagne, mais d'un mouvement collectif ou, plutôt, d'une catastrophe collective. Nous avons fini par nous rendre sur les lieux d'où provenaient les cris et où un spectacle désolant s'offrait à nous : on pleurait, on se roulait par terre, on donnait des coups de pied, on s'embrassait et on se consolait à tour de rôle... Armande Demande hurlait : « Pourquoi ? Pourquoi ? », tandis qu'Anne

Agramme soupirait : « Terqua toitel ouipeu[1] ? », ce à quoi, bien entendu, personne n'a rien compris. Puis Sophie Amnésie est arrivée et a secoué Martin Potin comme un magiprunier en pleurant : « Il est mort ! MORT ! » « A-a-rrê-ê-t-ee de de me-me se-e-cou-ou-er-er co-comme ç-ça ! Qui e-est mo-mort ? », a demandé Martin entre deux saccades. « J'ai oublié », a répondu Sophie Amnésie, fidèle à elle-même. Alors nous nous sommes approchés d'Isabelle Bonnenouvelle, la tête dans son livre, remuée de sanglots. « Isabelle, que se passe-t-il donc ? — Sirius Black est mort ! » « Oui, ils l'ont tué. Comme un poulet à rôtir », a ajouté Lasagne. « Ou plutôt comme une petite fleur fauchée dans un pré », a précisé Forsythia.

Sirius Black ? Mort ? Magerlipopette ! Les bras nous en sont tombés. Premièrement, parce que Sirius Black nous était sympathique ; deuxièmement, parce que, foi de lutin, aucun d'entre nous, du côté des hommes, n'était encore parvenu jusqu'à ce chapitre du livre et que cela a bel et bien gâché notre surprise[2] ! Je sais d'ailleurs que la mort du parrain de Harry a fait scandale chez vous aussi, humains, à en croire le nombre de messages laissés sur les sites et

---

1. « Pourquoi a-t-il été tué ? »
2. Il est de notoriété publique que les femmes, aussi bien chez les lutins que chez les humains, lisent beaucoup plus vite que les hommes. Comme le démontre la récente étude d'Adèle Jumelle, « Attention les yeux, quand les femmes s'en mêlent ! » (*in Pupille et Prunelle ou la Vision au féminin,* Éditions Matuvu, Belleuil, 2004), une telle rapidité serait due au développement particulier de l'œil chez la femme, ainsi qu'à la curiosité propre à ce sexe. Chez nous, les lutins, on relève des cas d'acuité visuelle féminine phénoménale, notamment lorsqu'il s'agit de garder un œil sur les maris partis s'aventurer seuls dans les forêts alentour.

les forums sur Internet. Pauvre petit sorcier, déjà orphelin, qui perd maintenant son parrain !

« Aaaaaaaaaarrainnnnnnn ! »

Cela dit, avec *L'Ordre du Phénix*, JKR s'est engouffrée sur la voie du macabre, du mystérieux, du terrifiant. Des associations secrètes, des atmosphères ténébreuses, des Mangemorts déchaînés... Sang, douleur et mort : le cocktail idéal, comme l'a écrit Zoé Couperé, la critique littéraire du *Lutin-Horror Magazine.* Même notre héros en a subi les conséquences : le gentil Harry traverse tant bien que mal ses années d'adolescence et se montre parfois mal élevé, contrariant, provocateur... Et pourtant, *L'Ordre du Phénix*, comme on s'en doutait, a eu un succès fou, battant les records de tous les tomes précédents. Cinq millions d'exemplaires s'étaient vendus aux États-Unis le premier week-end de sa mise en vente, et près de 1,8 million en Grande-Bretagne dès le premier jour.

« Yééééjouuuuur ! »

Le lendemain, ayant achevé notre lecture de *L'Ordre du Phénix* et porté le deuil de Sirius Black, nous, les lutins, avons fait comme vous, les humains : nous avons entrepris d'attendre la suite, patiemment. Il paraît que quelques fans, incapables de supporter deux années supplémentaires de stress et de fausses rumeurs sur Internet, ont préféré entrer en hibernation et ont prévu de se faire décongeler le jour de la parution du sixième tome...

LE PRINCE DE SANG-MÊLÉ SORT DE L'OMBRE EN ÉTÉ. ON SAIT D'ORES ET DÉJÀ QUEL SERA SON SUCCÈS !

La fièvre a commencé à monter le 29 juin 2004, lorsque JKR a annoncé que le nouveau tome des aventures de Harry Potter s'intitulerait *Harry Potter et le Prince de Sang-Mêlé.* L'annonce a eu deux effets simultanés : celui, d'une part, de débrider l'imagination des passionnés, acharnés à deviner la suite de l'histoire ; et celui, d'autre part, de mettre un terme à toutes les conjectures sur le titre du tome en préparation (nous aussi, les Magiguides, nous étions attelés à cette tâche avec le plus grand sérieux ; nous hésitions entre *Harry Potter et le Mystère du fil interdentaire, Harry Potter et le Sortilège du plombier fou* et, notre préféré, *Harry Potter et la Puce fantôme du chien de Hagrid*).

« Haaaaaaagriiiiiiiiiiiiiiid ! »

Au début du mois de juillet suivant, l'éditeur américain Scholastic a affirmé que près de 11 millions d'exemplaires avaient été imprimés, tandis que amazon.com et barnesandnoble.com avaient recueilli plus de 3 millions de réservations sur Internet pour la version reliée et audio du texte lu par l'acteur Jim Dale. Dans le même temps, nous, lutins, tentions de glaner des informations au sujet des super-hyper-mesures d'embargo prises par les éditeurs, lesquelles n'ont permis d'empêcher ni le vol de deux volumes dans le Northamptonshire (que le receleur a tenté de vendre à un journal local), ni quelques cas de vente anticipée : un exemplaire dans un drugstore de New York, trois à Indianapolis et quatorze à Vancouver. Ce qui a eu pour effet de déchaîner la fureur de Raincoast Books, la maison d'édition chargée de distribuer le livre au Canada. La société a obtenu du tribunal une injonction interdisant aux acheteurs de ces exemplaires de révéler la moindre information sur la trame du roman et leur enjoignant de restituer les ouvrages, en échange d'un exemplaire dédicacé par l'auteur et d'un cadeau. On ignore si les acheteurs en question se sont pliés à l'injonction…

« Ooooooonxiooooooooooon ! »

En mai 2005, les bookmakers américains ont mis fin aux paris sur l'identité du personnage trouvant la mort dans le sixième tome : des milliers de courriers misant sur la mort de Dumbledore étaient parvenus de la petite ville anglaise de Bungay, dans le Suffolk. C'est là, en effet, a-t-on longtemps cru, que le tome 6 serait imprimé. Depuis, les paris étaient rouverts.

C'est finalement le 16 juillet 2005 que le livre a vu le jour, tendrement dédicacé à Mackenzie, la petite dernière de JKR, née au mois de janvier. Une bien belle année pour cette femme que l'on dit la plus riche d'Angleterre ! Ce soir-là, JKR a envoyé son livre au paradis des milliards en en lisant un passage à soixante-dix journalistes en herbe vainqueurs d'un concours, lors d'une mégafête au château d'Édimbourg. Vingt-quatre heures après l'assaut dans les librairies, la maison d'édition américaine Scholastic a annoncé que 6,9 millions d'exemplaires avaient été vendus et qu'elle s'apprêtait à en mettre 2,7 millions supplémentaires sous presse. Dans le même temps, l'éditeur britannique Bloomsbury annonçait en avoir écoulé 2 009 574 exemplaires, pas un de plus, pas un de moins !

« Deeeeemoooin ! »

Mais, que vous arrive-t-il ? Je vous sens impatients, pour ne pas dire surexcités… Ah ! vous brûlez de connaître les péripéties du sixième tome ? Vraiment ? Vous êtes sûrs ? Et vous aimeriez savoir quel personnage va mourir ? Bon, d'accord, nous allons tout vous révéler. Mais je vous demanderai de faire preuve d'encore un peu de patience. Mieux vaut nous éloigner un peu, Coco Bolet commence à me casser les oreilles… Voilà, installons-nous plutôt dans la réserve de fruits confits de Lasagne. Ainsi, nous pourrons même goûter quelques-unes de ses spécialités.

Connaissez-vous les Triangles de cédrat confit aux copeaux de chocolat noir, au paprika et au rhum ? Louise Prodige s'élève à trois mètres du sol rien qu'à respirer leur parfum. Purement divins !

Mais trêve de bavardages. Revenons à notre *Prince de Sang-Mêlé* et voyons un peu ce qui se trame au cours de cette sixième année d'études à Poudlard...

L'histoire de **Harry Potter et le Prince de Sang-Mêlé**

Pour la seconde fois depuis le début de la série, les aventures de Harry Potter ne débutent pas chez les Dursley, mais dans le bureau du Premier ministre britannique des Moldus, qui reçoit une visite imprévue de Cornelius Fudge. Celui-ci, jugé peu fiable à l'approche de la lutte finale contre Voldemort, a été remplacé par Rufus Scrimgeour, tandis que Voldemort, avec le concours des Mangemorts, déchaîne une série d'actions qui terrorisent le pays. Narcissa Malefoy, la mère de Drago, demande à Severus Rogue d'aider son fils dans sa première mission de Mangemort que lui a confiée Voldemort en personne et qu'elle estime trop délicate pour lui. Ce que Rogue accepte en prêtant un serment irrévocable.

Chez les Dursley, Harry reçoit la visite de Dumbledore qui lui apprend qu'il est l'héritier universel de Sirius Black : il devient donc le propriétaire du Square Grimmaurd et de quelques autres biens ayant appartenu à son parrain, parmi lesquels l'hippogriffe Buck et Kreattur, le très particulier elfe de maison. Dumbledore annonce également à Harry que, selon l'usage sorcier, il atteindra sa majorité à dix-sept ans et se rendra pour la dernière fois à Privet Drive, après quoi Harry perdra à jamais la protection dont il jouissait jusqu'alors.

Harry et Dumbledore quittent Privet Drive pour se rendre au Terrier des Weasley, mais Dumbledore modifie le trajet afin de rencontrer Horace Slughorn[1], un ancien professeur à la retraite qu'il veut convaincre de reprendre les cours à Poudlard. Au Terrier, Harry retrouve Hermione et Fleur Delacour, la fiancée de Bill Weasley. C'est en achetant ses fournitures scolaires sur le Chemin de Traverse que Harry, après un affrontement assez violent avec Drago, pressent que son rival de toujours cache quelque chose…

À Poudlard, les mesures de sécurité ont été renforcées. Dumbledore annonce la nomination de Rogue au poste de professeur de défense contre les forces du Mal, tandis que Horace Slughorn enseignera les Potions. Ce dernier, estimant Harry particulièrement doué pour la préparation des potions – autant que le fut jadis sa mère Lily –, le prend sous son aile. Harry, qui nourrit toujours l'espoir de devenir un Auror, poursuit ses études. Il se sert d'un manuel scolaire ayant appartenu, à en croire le nom griffonné sur la quatrième de couverture, à un mystérieux « Prince de Sang-Mêlé », sur l'identité duquel il va s'interroger un bon moment.

Entre-temps, Dumbledore révèle de nombreux éléments du passé de Voldemort. On découvre qu'il a fabriqué six « Horcruxes » dont chacun renferme une partie de son âme, la septième partie se trouvant en lui-même. Par ce moyen, il s'assure l'immortalité. Cela étant, deux de ces objets ont déjà été détruits : le journal de Voldemort (voir *Harry Potter et la Chambre des Secrets*), ainsi qu'un anneau ayant appartenu au grand-père de celui-ci. Selon Dumbledore, retrouver et détruire les quatre autres « Horcruxes » permettrait

1. Nom anglais de ce personnage.

de se débarrasser définitivement de Voldemort. Harry et Dumbledore partent en quête des « Horcruxes », mais Dumbledore est empoisonné. De retour à Poudlard, ils aperçoivent la Marque des Ténèbres sur l'école et découvrent que professeurs et élèves sont attaqués par les Mangemorts. Harry – bien que caché sous sa cape d'invisibilité – et Dumbledore sont découverts par Drago Malefoy, qui se révèle à eux comme Mangemort. Sans doute pour le protéger, Dumbledore paralyse Harry et se retrouve seul à seul avec Drago. Celui-ci a reçu l'ordre de tuer le directeur de Poudlard, mais le courage vient à lui manquer au moment crucial et c'est Rogue qui inflige à Dumbledore un *Avada Kedavra*, probablement pour honorer la promesse qu'il avait faite à Narcissa Malefoy de soutenir son fils en toute occasion. Harry est bouleversé, d'autant que Rogue, avant de s'enfuir, lui avoue qu'il est le Prince de Sang-Mêlé.

Des épisodes dramatiques se succèdent, au cours desquels les sorciers affrontent les Mangemorts. C'est ainsi que Bill Weasley reste défiguré au cours d'un duel et risque de devenir loup-garou ; en dépit de ce handicap, l'amour de Fleur pour lui demeure intact. Tonks, quant à elle, déclare sa flamme à Remus Lupin, tandis que Ron et Hermione semblent enfin prêts à s'aimer (Ron ayant quitté sa nouvelle amie Lavande Brown). Poudlard est en deuil. Minerva McGonagall assure la direction de l'école en attendant la décision du conseil d'administration de la fermer ou non.

Après les funérailles de Dumbledore, Harry décide de quitter Poudlard et de se consacrer à la recherche des « Horcruxes » de Voldemort. Il semble qu'un mystérieux « R.A.B. » soit également sur leur piste, fermement décidé à les détruire. Conscient qu'il met sa vie en péril, Harry décide de couper les ponts avec les personnes qui lui sont les plus chères, à savoir : Ginny

Weasley, qui accepte de mettre un terme à leur amour récemment déclaré ; Ron et Hermione, qui jurent cependant de rester toujours à ses côtés.

Le roman s'achève sur une légère embellie : Ron rappelle à Harry que, même dans les pires moments, on trouve toujours une occasion à fêter. En l'occurrence, le mariage de Bill et Fleur.

JKR a révélé que certains éléments du premier chapitre de *Harry Potter et le Prince de Sang-Mêlé* avaient failli trouver leur place dans chacun des cinq tomes déjà parus, au début de *L'École des Sorciers*, puis dans *La Chambre des Secrets*, *Le Prisonnier d'Azkaban* et *L'Ordre du Phénix*. Elle a finalement préféré en faire l'introduction du tome six…

Voilà pour les romans, amis lecteurs. Qu'en est-il des films ? Comme vous le savez, après *L'École des Sorciers*, les tomes 2 et 3 ont également été adaptés à l'écran. Nous en avons de belles à vous raconter à ce propos ! Mais si c'est *Harry Potter et la Coupe de Feu* qui vous intéresse, vous devrez patiemment attendre que Edwige Prodige et Louise Surprise prennent le relais pour vous guider dans les aventures cinématographiques de Harry. « Où et comment ? », demandez-vous. Mais dans la rubrique suivante, nom d'un lutin !

Chambre des Secrets, Prisonnier d'Azkaban… Notre jeune sorcier crève l'écran !

Harry Potter et l'École des sorciers avait été un succès. Les deux films suivants ont pris le même chemin. En France, *Harry Potter et la Chambre des Secrets* est sorti le 4 décembre 2002, ce qui nous a enthousiasmés, nous les lutins, même si nous avons dû subir certains effets secondaires : toutes les nuits de pleine lune, Narcisse a fait des cauchemars au sujet d'Aragog, et Lasagne nous a rendus fous avec ses dégustations de Polynectar, une de ses nouvelles recettes qui s'incorpore magiquement dans une infinité de plats.

Que relever d'intéressant au sujet de ce deuxième film ? Tout d'abord, un succès phénoménal en termes d'entrées : c'est le neuvième film le plus vu au monde de tous les temps, *L'École des Sorciers* occupant la troisième place – et ce, en dépit de la réticence de parents devant la violence de certaines scènes (l'attaque des araignées géantes et la bataille contre le Basilic). Ce que l'on a moins su, c'est que 80 % des hiboux et des chouettes ont été dressés par le grand spécialiste hollywoodien des animaux, Gary Gero. Soit dit en passant, rares sont les humains capables de dompter des rapaces nocturnes... Enfin, connaissez-vous le montant du cachet perçu par Daniel Radcliffe (Harry Potter à l'écran) ? Je vais vous le dire : environ 1,5 million d'euros. Magerlipopette !

Il y a bien plus d'acteurs au générique de *La Chambre des Secrets* que dans *L'École des Sorciers.* Parmi les nouveau venus, on a pu reconnaître Kenneth Branagh dans le rôle de Gilderoy Lockhart, ainsi que Jason Isaacs (Lucius Malefoy), Myriam Margolyes (professeur Chourave), Mark Williams (Arthur Weasley), Christian Coulson (Voldemort), Gemma Jones (Madame Pomfresh), Sally Mortemore (Madame Pince), Hugh Mitchell (Colin Crivey) et Bonnie Wright (Ginny Weasley). L'elfe de maison Dobby et le rat Croûtard ont été réalisés sur ordinateur, comme l'avaient été Voldemort et le dragon Norbert dans le premier film.

À propos de Dobby, n'allez pas imaginer une quelconque ressemblance entre cet énergumène et notre noble lignée de lutins. L'elfe de maison a autant de points communs avec un lutin qu'un toast brûlé avec un moelleux et parfumé beignet de Lasagne... Vous voilà prévenus, pour le cas où il vous serait venu à l'esprit d'établir un parallèle !

Mais retournons à nos moutons. Je vous sens impatients d'avoir des informations sur le troisième film, *Harry Potter et le Prisonnier d'Azkaban*, sorti en juin 2004. Ce film a la réputation d'avoir accumulé les avanies en tout genre. Pour commencer, en plein tournage de *Harry Potter et la Chambre des Secrets*, Chris Columbus a annoncé qu'il ne mettrait pas en scène le troisième film, désireux qu'il était de « passer davantage de temps avec [*sa*] famille ». Certaines candidatures – dont celle de Kenneth Branagh, merveilleux Gilderoy Lockhart de *La Chambre des Secrets* – ayant été écartées, c'est le Mexicain Alfonso Cuarón (*La Petite Princesse*, *Y tu mama también*) qui a été choisi, notamment pour sa capacité à travailler avec de tout jeunes acteurs.

Ce petit problème résolu, la compagnie Warner s'est trouvée confrontée à un autre problème de taille : qui allait remplacer Richard Harris, hélas disparu en octobre 2002, dans le rôle de Dumbledore ? En janvier 2003, la compagnie n'avait toujours pas trouvé son bonheur. Les noms de Christopher Lee (le Dracula le plus célèbre du cinéma) et de Ian Mc Kellen (admiré dans son interprétation de Gandalf dans *Le Seigneur des Anneaux*) revenaient souvent. On a également pensé recourir aux images de synthèse pour prolonger l'existence du Dumbledore de Richard Harris en mêlant son image à celle de Harry Robinson, l'acteur de soixante-deux ans qui aurait incarné le personnage dans les dernières scènes de *Harry Potter et la Chambre des Secrets*. C'est alors, comme par enchantement, qu'a surgi (du Choixpeau Magique ?) le nouveau directeur de Poudlard, Michael Gambon, grand nom du cinéma britannique, qui a conféré au personnage un caractère plus fringant et quelque peu hippie.

Nouveau metteur en scène, nouveau Dumbledore… Mais la compagnie Warner n'était pas au bout de ses peines ! Il restait, en effet, à dénicher l'acteur qui incarnerait le personnage clé de Sirius Black. Le très courtisé Gary Oldman (*Léon, La Lettre Écarlate, Air Force One, Le Cinquième Élément, Perdus dans l'espace*) a fini par céder aux avances de la Warner. Avec ses cheveux longs, sa barbe négligée, son regard fiévreux, ses vêtements déchirés et son tatouage complexe sur le torse (un symbole magique ?), il a vraiment fait des ravages ! Comment mieux exprimer la nature tourmentée et mélancolique du parrain de Harry ? Cela dit, Gary Oldman a été franc. Lorsqu'on lui a demandé pourquoi il avait accepté le rôle, il a répondu : « J'accepte de jouer dans ce film parce que j'ai besoin de travailler. Je n'ai rien fait depuis un an ! »

La distribution du *Prisonnier d'Azkaban* s'est enrichie de nouveaux noms, et non des moindres : Pam Ferris (la cruelle directrice d'école dans *Matilda*) dans le rôle de l'odieuse Tante Marge, et Julie Christie (*Le Docteur Jivago, Cœur de Dragon*) dans celui de Madame Rosmerta, la joyeuse serveuse des Trois Balais.

Un épisode tragi-comique est survenu en mars 2003. Lorsque la compagnie Warner a annoncé officiellement que les scènes de Quidditch seraient éliminées au montage pour que la durée du film n'excède pas deux heures, on a assisté à une véritable révolte des *aficionados* de Quidditch… mais aussi des fans de Sean Biggerstaff, l'acteur qui incarne à l'écran Olivier Dubois, le sympathique capitaine de Gryffondor. Couper les scènes de match, alors que c'est précisément dans *Le Prisonnier d'Azkaban* que le Quidditch joue un rôle crucial, que Gryffondor gagne la Coupe tandis qu'apparaissent le

Sinistros et les Détraqueurs ! Des protestations à n'en plus finir et des tas de pétitions sur Internet se sont succédé, réclamant le rétablissement des scènes de Quidditch, sous peine de boycott. Sans changer de cap, Warner a tout de même consenti à inclure une scène de Quidditch et les fans n'ont pas boudé le film !

Entre-temps, l'équipe du tournage a vu partir en fumée… le Poudlard Express ! Le 22 février 2003, sur les lieux du tournage dans les environs du viaduc de Glennfinnan, en Écosse, des étincelles ont jailli sous l'un des wagons du train mythique. Le temps étant inhabituellement sec pour la saison, les flammes se sont propagées et ont dévasté des hectares de bruyère et de buissons avant que les pompiers ne parviennent à les maîtriser. Résultat : un train détruit, un coût accru puisqu'il a fallu malgré tout payer la location de la zone, renvoyer chez eux les quarante figurants rémunérés 35 livres par jour, déplacer les décors de la gare de Pré-au-Lard dans un village voisin et assumer les conséquences sur le trafic ferroviaire locale… Les pompiers ont affirmé n'avoir jamais vu un incendie aussi dévastateur dans la région. Simple malchance ou Impitoyable Malédiction ? Magerlipopette, difficile de trancher ! Comme si l'atmosphère était encore trop enjouée, le jeune Daniel Radcliffe a passé des heures à regarder de vieux films de François Truffaut et de Vittorio De Sica pour mieux « s'approprier le sentiment de désespoir » de son personnage. C'est gai !

Chers lecteurs, après tout ce que je viens de vous raconter, vous semble-t-il étrange que la maison du 12, Picket Post Close, Martin's Heron, Bracknell, dans le Berkshire, ait été mise aux enchères ? Bien sûr que vous la connaissez ! C'est la maison des Dursley, 4, Privet Drive dans le roman. La propriétaire, Mrs. Smith, en demandait 250 000 livres sterling, soit 365 000 euros. Officiellement, elle n'en pouvait plus de recevoir la visite de hordes de curieux à toute heure du jour et de la nuit (« Vous permettez qu'on jette un coup d'œil au placard sous l'escalier ? »). Mais Isabelle Bonnenouvelle et Martin Potin ont appris qu'en réalité, elle tremblait à l'idée de sentir un jour ou l'autre un vent glacial venu d'Azkaban souffler sur sa maison. C'est probablement la raison pour laquelle celle-ci n'a pas trouvé preneur !

Que de malchance, de guigne, de poisse ! Cela dit, toutes ces mésaventures n'ont pas empêché *Le Prisonnier d'Azkaban* de faire affluer des millions de spectateurs dans le monde entier et de postuler pour les Oscars 2005, au titre de la meilleure bande originale et des meilleurs effets spéciaux.

Et pour finir en beauté, voici d'autres curiosités…

Harry Potter et la Chambre des Secrets

- Avant que le film ne sorte en salle aux États-Unis, des centaines d'enfants se sont rués au cinéma voir *Scooby-Doo*… car ce film était précédé d'une bande annonce de *La Chambre des Secrets* !

- Pendant le tournage, les têtes de deux cents enfants se sont retrouvées infestées de poux.

- La voix de Daniel Radcliffe (Harry) a mué alors qu'il ne restait plus que deux scènes à tourner. Un certain Joe Sowerbutts – qui avait d'ailleurs postulé pour le rôle de Harry – lui a prêté la sienne.

⏭ Pour tourner la scène de la Ford Anglia s'écrasant contre le Saule Cogneur, quatre voitures ont été détruites. Sachez que c'est précisément cette voiture – même marque, même modèle – que conduisait Séan Harris, l'ami de jeunesse de JKR.

⏭ Pour les besoins du tournage, l'elfe de maison Dobby était représenté par un manche à balai surmonté d'un ballon orange, puis de l'image de l'elfe lorsque sa création numérique a été achevée.

⏭ Chacun des quatre enfants de Chris Columbus fait une brève apparition : Eleanor incarne Susan Bones – comme dans le premier film –, Brendan est l'un des élèves de la salle commune, Violet est la petite fille aux fleurs et Isabella apparaît dans la librairie.

⏭ En Norvège, le propriétaire d'une salle de cinéma a porté plainte : nombre de petits estomacs n'ont pas supporté la scène dans laquelle Ron vomit des limaces et ont souillé la salle, obligeant l'équipe d'entretien à la nettoyer plus souvent !

Harry Potter et le Prisonnier d'Azkaban

⏭ Rien ne se perd, rien ne se crée… Le décor de la boutique de friandises Honeydukes est celui qui avait servi pour le magasin de baguettes magiques de Mr Ollivander dans *Harry Potter à l'École des Sorciers*. De même, celui de la scène où Lupin enseigne à Harry comment se défendre des Détraqueurs avait déjà servi de bureau à Dumbledore dans *Harry Potter et la Chambre des Secrets*.

⏭ Lorsque Harry entre aux Trois Balais, l'acteur que l'on aperçoit, assis avec deux bougies, n'est autre que le metteur en scène Alfonso Cuarón.

⏭ Alfonso Cuarón n'avait lu aucun roman de JKR ni vu les deux premiers films lorsqu'il a accepté de mettre en scène *Le Prisonnier d'Azkaban.*

⏭ Une clause du contrat de Cuarón lui interdisait de dire des gros mots sur le tournage en présence des jeunes acteurs.

⏭ Aux Pays-Bas, selon les cas, les films peuvent être interdits aux enfants de moins de six ou de douze ans. Pour *Le Prisonnier d'Azkaban,* une interdiction aux moins de neuf ans a été créée : certaines scènes, inoffensives pour des enfants de douze ans, ont été jugées trop effrayantes pour des bambins de six ans.

⏭ La création des Détraqueurs a demandé six mois de travail à l'équipe chargée des effets spéciaux.

⏭ John Williams, l'auteur de la bande originale, a réutilisé le thème de la « Tanière des serpents », issu du film *Indiana Jones et les Aventuriers de l'Arche Perdue,* pour habiller la scène où l'épouvantard prend l'apparence d'un gros serpent.

⏭ « Imaginez que vous venez de découvrir que votre oncle préféré est un consommateur de crack ! » C'est, de son propre aveu, le conseil qu'Alfonso Cuarón a donné aux trois jeunes acteurs des scènes finales dans lesquelles apparaît Queudver.

⏭ Voici comment Maggie Smith, *alias* Minerva McGonagall, a commenté son rôle : « Sincèrement, je ne peux pas dire que l'expérience a été trop fatigante. Pendant tout le film, j'ai passé mon temps à déambuler en disant aux élèves de Poudlard : « Vous êtes priés de regagner immédiatement vos chambres ! » Minerva McGonagall est un peu un rôle de retraitée, si je le rapporte à l'ensemble de ma carrière. La chose la plus touchante et la plus drôle est d'être interpellée sans cesse dans la rue par des enfants qui me demandent de me transformer en chat et qui se mettent à bouder quand je leur explique que ce n'est pas possible ! »

Horizontalement :

1) À rallonge pour écouter à distance. 2) Contient la copie d'une prophétie. 3) Sœur jumelle de Parvati. 4) Président de l'audience disciplinaire. 5) Enseignée à Harry par Rogue. 6) Concurrent de *La Gazette du sorcier.* 7) L'auguste guérisseur de Arthur Weasley. 8) Sorcière maladroite. 9) Remplaçante de Dubois. 10) Nom de Bellatrix. 11) Ont donné leur nom à un département du ministère. 12) Mystérieuse amie de Harry.

Verticalement :

a) Un demi-frère un peu encombrant. b) Exerce des activités un peu louches. c) Diplôme de cinquième année. d) Cheval ailé carnivore. e) Sa tête annonce un sombre *pub.* f) Square de la maison Black. g) Lucius Malefoy en est un. h) Centaure aux yeux bleus. i) Ont leur club à Poudlard. j) Cruelle Dolores. k) Elfe de la maison Black. l) Molly Weasley cherche à les exterminer. m) Pétrifie… à moitié.

Magijeux

(Réponses p. 259)

MOTS MAGICROISÉS DE *HARRY POTTER ET L'ORDRE DU PHÉNIX*

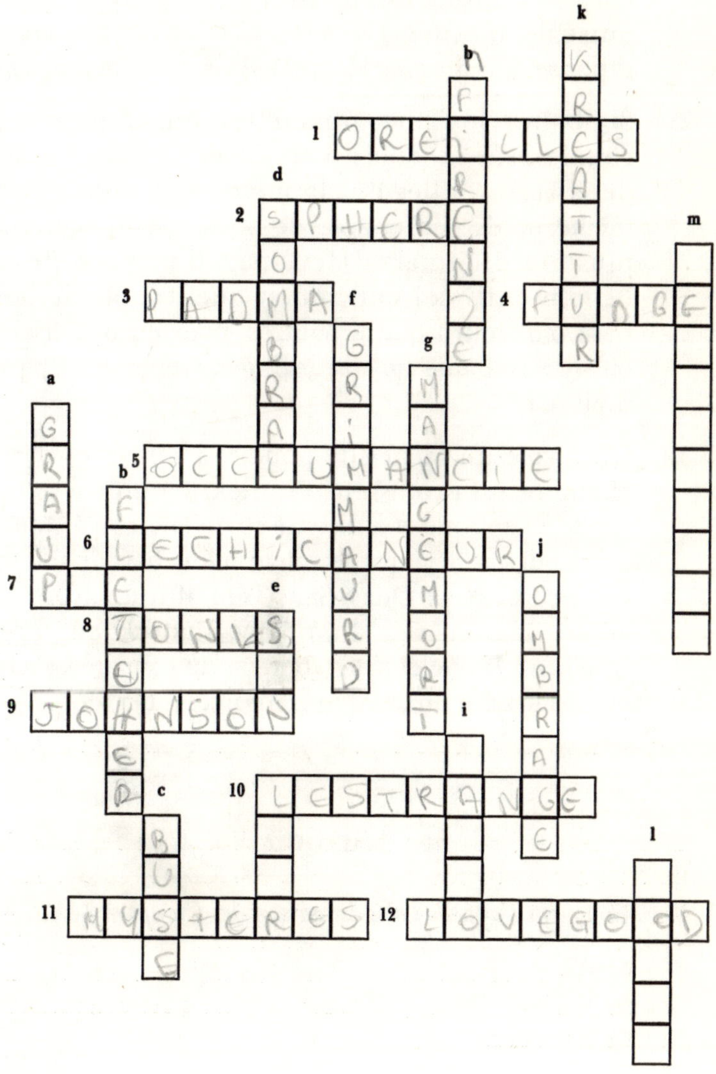

MAGICASSE-TÊTE

1. Charlie Weasley écrit à Hagrid : il a découvert une nouvelle espèce de dragon. Dans sa lettre, il promet qu'il la lui montrera si Hagrid parvient à calculer la longueur totale du dragon (museau, corps et queue), sachant que : la queue mesure le double du corps ; le corps mesure la moitié du cou ; le corps, jusqu'au museau, mesure 12 mètres. D'après toi, quelle réponse doit donner Hagrid s'il veut voir le dragon ?

2. Six boîtes de Chocogrenouilles sont disposées, par couples, sur la table : deux blanches, deux dorées, deux vertes. Elles ont la même taille, mais pas le même poids : un couple de boîtes pèse légèrement plus lourd. Minerva McGonagall met ses élèves à l'épreuve. Ils doivent trouver quel couple de boîtes pèse plus lourd que les autres, mais en n'utilisant la balance romaine qu'*une seule fois.* Comment t'y prendrais-tu ?

3. On a volé un sachet de poudre à sortilèges dans la chambre du professeur Flitwick. La grosse dame a assisté à l'épisode et a raconté ce qu'elle a vu à Dumbledore, qui sait déjà que le voleur a les cheveux soit roux soit bruns. Nick Quasi-Sans-Tête affirme avoir vu la grosse dame parler d'un élève aux cheveux bruns. Quelle est la couleur des cheveux du coupable, sachant que seulement un des deux fantômes dit la vérité ?

MAGIQUIZ

1. *Comment s'appelle l'elfe de maison des Croupton ?*

a) Wally
b) Winnie
c) Winky

2. *Quel est le prénom du malheureux Diggory, victime de Voldemort ?*

a) Clive
b) Cedric
c) Christian

3. *Comment James Potter s'est-il procuré la Cape d'invisibilité ?*

a) Il l'a volée
b) Une vieille sorcière la lui a offerte
c) Il l'a héritée de son père

4. *Rawenclaw est le nom anglais de :*

a) Serdaigle
b) Serpentard
c) Gryffondor

5. *Comment se prénomme Verpey ?*

a) Linus
b) Lester
c) Ludo

6. *Qui est Avery ?*

a) Un des Mangemorts au service de Voldemort
b) Un élève de Poufsouffle
c) Une petite licorne

7. *Qu'est-ce qu'un Auror ?*

a) Un mage noir
b) Un sorcier chargé de veiller sur les morts
c) Un sorcier chargé de trouver les mages noirs

8. *Où Bertha Jorkins trouve-t-elle la mort ?*

a) En Albanie
b) En Roumanie
c) En ex-Yougoslavie

9. *Quel effet produit le Branchiflore lorsqu'on l'avale ?*

a) Il fait pousser des ailes
b) Il fait pousser des branchies
c) Il fait pousser des écailles

10. *Qui est Gabrielle Delacour par rapport à Fleur ?*

a) Sa mère
b) Sa sœur
c) Sa cousine

11. *Pourquoi Richard Harris a-t-il accepté le rôle de Dumbledore dans le film ?*

a) Parce qu'il avait besoin d'argent
b) Parce qu'il avait beaucoup aimé le livre
c) Parce que sa petite fille l'a menacé de ne plus lui adresser la parole s'il refusait

12. *Pourquoi JKR a-t-elle refusé de travailler avec Steven Spielberg ?*

a) Parce qu'il est américain
b) Parce qu'il voulait tourner le film en Amérique et non en Angleterre
c) Parce qu'il voulait confier le rôle de Harry à Haley Joel Osment, le jeune protagoniste de *Sixième Sens*

13. *Quelle jeune actrice incarne Hermione dans les films ?*

a) Zoe Wanamaker
b) Emma Watson
c) Rose Ford

14. *En quelle année s'est déroulée la première coupe de Quidditch de l'Histoire ?*

a) 1345
b) 1328
c) 1473

15. *Quelle fut la finale la plus violente de l'histoire du Quidditch ?*

a) Bohême-Burundi
b) Allemagne-Autriche
c) Transylvanie-Flandres

16. *À quand remonte la dernière victoire des Canons de Chudley, l'équipe préférée de Ron ?*

a) 1922
b) 1932
c) 1892

17. *Pourquoi le Quidditch n'est-il pas populaire en Orient ?*

a) Pour des raisons climatiques
b) Parce que voler sur un balai y est considéré comme un tabou
c) Parce qu'on y vole plutôt sur des tapis

18. *Comment appelle-t-on la tactique consistant, pour un Poursuiveur, à faire semblant d'avoir aperçu le Vif d'or et à se précipiter sur lui ?*

a) Feinte de Wronski
b) Feinte de Winky
c) Feinte de Ronski

MAGICHAPITRE CINQUIÈME

Des prochains films et du septième roman Découvrez tous les secrets maintenant !

(Des tas d'indiscrétions sur l'avenir de Harry Potter)

☛ *Magiguides : Edwige Prodige et Louise Surprise, dites « les Voyantes Intelligentes ».*

Bonjour, merveilleux lecteurs ! Vous avez survécu à l'avalanche d'informations du chapitre précédent ? Parfait. Mais ne relâchez pas votre attention : en voici une autre !

Louise et moi allons vous guider dans cette partie du Magitour consacrée au futur (proche et lointain), car nous avons été considérées comme les plus qualifiées pour lire l'avenir. Mais je dois vous dire que cette appréciation repose sur un malentendu. Certes, on m'a vue lire les cartes, et l'on a aperçu, un soir, Louise scruter le ciel avec attention. En fait, si elle avait effectivement le nez en l'air ce soir-là, c'est parce que ce petit malin de Camille Quille lui avait fait croire que, les jours de lune montante, on peut voir les lutins charmants traverser la Grande Ourse ! Quant à moi, Edwige Prodige, cela fait maintenant deux mois que j'étudie les jeux de solitaire[1].

1. Solitaire : mot aux définitions étrangement variées. *a)* Jeu de billes pour un seul joueur. *b)* Diamant solitaire : précieux cadeau de fiançailles, lorsqu'on a trouvé l'âme sœur et qu'on n'est donc plus tout seul. *c)* Cœur solitaire : sans âme sœur. *d)* Ver solitaire : parasite intestinal qui, comme le joueur de solitaire *(a)*, se débrouille très bien tout seul et qui, n'étant pas accompagné, peut aussi se définir comme un cœur solitaire *(c)*. (Source : *Parler clairement ou parler humain : un choix difficile*, Éditions du Code, Pays des Énigmes, 1972, p. 345.)

Cela dit, nous manions très bien le pendule et savons lire dans le fond des tasses de thé (nous sommes par ailleurs en train d'approfondir notre étude sur les fonds de verres de vin, qui nous semblent encore plus stimulants et révélateurs).

Une fois choisies, nous ne pouvions pas nous dérober. Nous avons décidé de suivre les cours du génie d'Aladin ainsi que deux mois de leçons de perfectionnement dispensées par Nostradamus en personne. (Nous l'avons rencontré dans l'au-delà. Au cas où l'expérience vous intéresse, nous pouvons vous mettre en contact avec notre médium, Raymonde Autremonde, ou avec son secrétaire, Hugo Caveau.) Bref, le résultat de nos études est la série de brillantes prophéties qui suit.

Mais avant toute chose, chers lecteurs, un avertissement. À la fin de ce chapitre prophétique, vous trouverez une liste de Magiemplettes. Je m'explique : il se trouve qu'un papillon de la Phalénair s'est trompé de destination et a débarqué une vingtaine de passagers dans la Magiforêt au lieu de les acheminer à New York, comme prévu. Tous ont rejoint la Grosse Pomme par le vol suivant, à l'exception d'un incroyable pot de colle qui a décidé de passer ses vacances ici (« Cette forêt est teeellement pittoresque ! »). Il s'agit de Sacha Folachat, l'expert ès-shopping de *Vogue Lutin*, le magazine de la mode. Depuis qu'il est arrivé, il n'a cessé de fourrer son nez partout, critiquant tout (« Il faudrait ajouter une touche ethno à l'arbre de ce salon, là-bas ! ») et tout le monde (« *Incredible* ! Hallucinant ! Quel manque de style !... Lasagne, tu appelles ça un tablier ? Mais tu plaisantes, j'espère ! C'est un chiffon ! Si tu veux, je peux te faire livrer quelque chose de plus *trendy*. Ils ont des modèles superbes chez Dessert & Moldu !) » Mais le pot de colle a reçu un pain dans la figure et n'a plus remis les pieds dans la cuisine de Lasagne ! Enfin, il a décidé de partir, fatigué que tout le monde l'envoie promener. Sauf que… Narcisse a dit devant lui que nous étions en train de travailler dur pour mettre au point ce Magitour. Et voilà : Sacha Folachat a pris la décision de rester, afin de nous faire profiter des résultats de ses recherches sur les articles pottériens les plus en vogue dans les magasins et sur Internet. Et nous voilà avec nos Magiemplettes…

DE L'ULTIME ROMAN, CE MYSTÈRE NÉBULEUX, Ô MIRACLE, VOICI DES APERÇUS… CURIEUX !

La parution du sixième tome de la série a donné lieu à des chapelets de suppositions sur la fin de la saga. Les fans se creusent la cervelle sur certains points :

1) Severus Rogue est-il vraiment un Mangemort ? Au contraire, Dumbledore a-t-il eu raison d'avoir une confiance aveugle en lui ?

2) Drago Malefoy restera-t-il méchant ou le verrons-nous se repentir ?

3) Que va devenir Voldemort ? Harry survivra-t-il ?

4) Qui est R.A.B. ?

JKR, plus énigmatique qu'un Sphinx, n'a rien laissé filtrer, comme toujours. Elle s'est contentée de rassurer les admirateurs du jeune sorcier sur l'avant-dernier point : Harry restera en vie. Elle a, par ailleurs, tenté de couper court aux rumeurs relatives aux supposés coups de théâtre qui attendent les lecteurs du septième tome. Voici quelques-unes de ses révélations :

- Lily Potter n'est pas vivante.
- Lily Potter n'était pas une Mangemort.

• Dumbledore et Harry n'étaient liés par aucun lien de parenté.

• Severus Rogue n'a pas de fille.

• Neville Londubat n'est pas parent de Queudver (JKR s'étonne qu'on ait pu l'imaginer).

• Ni Harry ni Arthur ne deviendront ministre de la Magie.

En ce qui concerne son propre avenir, JKR affirme qu'elle aimerait bien retourner à l'anonymat pour travailler sur un projet différent. Son ami écrivain Ian Rankin laisse entendre qu'il pourrait s'agir d'un roman policier, genre dont JKR est friande. Lors d'une interview à la BBC, en 2003, elle a déjà avoué avoir écrit quelque chose de différent, pour faire une « pause » entre la rédaction de *Harry Potter et la Coupe de Feu* et *Harry Potter et l'Ordre du Phénix.*

ON SERA SUBJUGUÉ PAR *LA COUPE DE FEU* TANT ELLE DÉBORDE DE MERVEILLEUX !

À ce stade des révélations, merveilleux lecteurs, nous vous proposons d'oublier le tome 7 et d'ouvrir vos oreilles à tout ce que nous allons vous révéler sur le quatrième film, *Harry Potter et la Coupe de Feu,* dont la sortie en version française est prévue pour le 30 novembre 2005. J'en trépigne d'impatience !

Nouveau film, nouveau metteur en scène ! Alfonso Cuarón, ayant déclaré forfait, a passé le relais à Mike Newell (*Donnie Brasco, Quatre mariages et un enterrement, Le Sourire de Mona Lisa*), lequel a eu d'emblée un beau casse-tête à résoudre : étant donné le nombre de pages et de rebondissements, valait-il mieux tourner un unique film ou faire deux épisodes ? Newell a choisi la première solution. Malgré une durée de deux heures et demie, certaines scènes du roman ont dû être écartées. Et savez-vous lesquelles sont passées à la trappe ? Celles de la famille Dursley ! Nous ne verrons donc pas Dudley au régime, ni la langue gonflée après avoir avalé une Praline Longue Langue, ni l'arrivée explosive de la famille Weasley dans la cheminée du salon ! Richard Griffiths, censé jouer le rôle de l'oncle Vernon, s'est plaint de ces coupes auprès de JKR, en vain. L'une des premières scènes du film montrera donc la Coupe du monde de Quidditch. On regrettera certainement la non-apparition à l'écran de Molly Weasley, puisque les scènes se déroulant au « Terrier » sont presque toutes éliminées.

Quant à la distribution, on note moins de nouveautés que dans les deux premiers films, à l'exception de Ralph Fiennes (*Le Patient anglais*) qui nous permettra enfin de voir un Voldemort en chair et en os, Miranda Richardson (*Sleepy Hollow, The Hours*) dans le rôle de la journaliste Rita Skeeter, et Brendan Gleeson (*Gangs of New York, 28 jours plus tard, Le Village*) qui incarnera Maugrey Fol' Œil, sans oublier Frances de la Tour (Madame Maxime) et Pedja Bjelac (Igor Krkaroff)... On remarquera cependant l'apparition d'un nouveau groupe de jeunes acteurs dans les rôles de Fleur Delacour (l'actrice française Clémence Poésy), Cho Chang (Katie Leung), Viktor Krum (Stanislav Ianevski, un étudiant d'origine bulgare qui vit à Londres et débute dans le cinéma) et Cédric Diggory (incarné par le Britannique Robert Pattinson). Enfin, une bonne nouvelle pour les admirateurs de Shirley Henderson (*alias* Mimi Geignarde) : vous aurez l'occasion de la revoir...

QUELQUES LIEUX DE TOURNAGE

- **Studios de Leavesden (Hertfordshire)** : la Coupe du monde de Quidditch, les escaliers en mouvement, la Grande Salle, la tour de Gryffondor, le Chemin de Traverse, Pré-au-Lard, le bureau d'Albus Dumbledore.
- **Exmoor (Devon)** Extérieurs.
- **Steall Falls, Glen Navis, Fort Williams (Écosse)** : la première épreuve du tournoi des trois sorciers.
- **Gare de King's Cross, Londres** : le départ du Poudlard Express.
- **The Bodleian Library, Oxford** : les leçons de défense contre les forces du Mal dispensées par Maugrey Fol' Œil.
- **Beacon Hill** : les scènes du Portoloin
- **Virginia Water Lake (Surrey)** : la conversation entre Harry, Hermione et Ginny.
- **Ashridge Woods (Hertfordshire)** : les scènes avec Harry, Hermione, Ron, Ginny, Fred, George et Arthur Weasley se rendant à la Coupe du monde de Quidditch.
- **Viaduc de Glenfinnan (Écosse)** : la scène du passage du Poudlard Express sur le viaduc (comme dans le premier film).

CURIOSITÉS

☺ Le 7 février 2004, plus de trois mille jeunes filles se sont présentées au casting pour le rôle de Cho Chang, l'amour secret de Harry.

☺ Des rumeurs insistantes avaient attribué le rôle de Fleur Delacour à Kate Winslet, l'héroïne de *Titanic* ; elles se sont tues depuis que l'on sait que la Française Clémence Poésy incarnera la championne de Beauxbâtons.

☺ Lors des scènes tournées sous l'eau (au cours desquelles, par sécurité, les prises ne dépassaient jamais quinze secondes), Daniel Radcliffe, deux autres acteurs et toute l'équipe du tournage ont posé pour une photographie qui est devenue une carte de vœux pour Noël.

☺ Le film est d'ores et déjà le plus cher de toute l'histoire du cinéma : il a coûté 308 millions de dollars !

☺ Le groupe écossais Franz Ferdinand, approché pour interpréter les morceaux des Bizzar' Sisters, a renoncé, estimant que la proposition était trop commerciale et que leur agenda était suffisamment chargé.

☺ C'est un joueur professionnel de basket, Ian Whyte, qui jouera la doublure de Frances de la Tour dans le rôle de Madame Maxime, la directrice mi-géante de Beauxbâtons.

Magerlipopette ! Nous avons rempli tout notre bloc-notes ! Ah ! non, il reste encore une toute petite place pour vous donner une information sur le cinquième film, *Harry Potter et l'Ordre du Phénix* : c'est David Yates qui le mettra en scène et le tournage est prévu pour le printemps 2006. On ignore encore où il aura lieu, mais nous, les Magiguides, savons déjà que dix-sept communes ont refusé de louer leurs terrains (est-ce à cause du désordre que sème l'équipe du film ou pour des raisons de stricte sorcellerie ?). C'est, entre autres, pour cette raison que la production a étudié la possibilité de tourner ailleurs qu'au Royaume-Uni. Quant à la distribution, motus et bouche cousue : on sait seulement que Daniel Radcliffe (Harry) et Ralph Fiennes (Voldemort) ont confirmé qu'ils seraient de la partie. Quant à l'actrice et mannequin anglaise Liz Hurley, elle a déclaré avoir été pressentie pour le rôle de la cruelle Bellatrix Lestrange, mais la rumeur a fini par être démentie.

MAGIEMPLETTES

☛ *Magiguide : Sacha Folachat, responsable de la rubrique « shopping » de* Vogue Lutin, *le magazine qui vous va bien.*

Mes trèèèès cheeers amis, rien de tel que quelques emplettes pour se remonter le moral, n'est-ce pas ? Vous allez enfin pouvoir profiter de la crèèèèèème des collections, que j'ai sélectionnée spéééééciale-ment pour vous sur www.thecauldronshop.com !

Amusez-vous bien ! Et n'oubliez pas de m'écrire si vous avez le moiiiiiindre doute sur un achat ou si vous hésitez sur une tenue que vous devez porter. Rien n'est pire que le manque de style !

① *Idées raffinées pour occasions spéciales et pour votre temps libre en toute saison :*

– Écharpe et bonnet aux couleurs de Gryffondor	17, 95 $
– Chapeau noir brodé de Dumbledore	24,95 $
– Chapeau écossais de Minerva McGonagall	24,95 $
– Chapeau des élèves de Poudlard	19,95 $
– Écharpe en laine et cravate en soie aux couleurs de Serpentard	39,90 $
– Cravate en soie aux couleurs de Gryffondor	19,95 $

② *Pour une touche d'élégance et de distinction dans la vie de tous les jours :*

– Set de 3 baguettes magiques en bois Harry, Ron, Hermione, dans un coffret original de chez Mr Ollivander	79,95 $
– Baguette magique Harry Potter	5,99 $
– Bracelet Gryffondor en argent plaqué or	95 $
– Montre Fossil Poudlard Express	125 $

③ *Pour une maison fantastique, où le charme des secrets les plus mystérieux se mêle à la luminosité des sortilèges les plus fascinants :*

– Tapis aux motifs variés (Sirius et Buck, Ford Anglia volante, Match de Quidditch)	41,95 $
– Tasse et assiette Harry Potter	14,99 $
– Mug Hedwige	25 $
– Coussin Harry Potter avec sa baguette magique	28,95 $
– Lampe pour livre « Lumos »	34,95 $
– Miroir du Riséd, de table ou à accrocher	68,95 $
– Presse-livres Choixpeau Magique	55 $

④ *Pour éblouir vos amis au cours d'un bal masqué :*

– Kit de maquillage et cicatrice Harry Potter	5,49 $
– Déguisement de Détraqueur (existe en 3 tailles, du 4 au 14 ans)	28,99 $
– Masque de Détraqueur	39,95 $
– Lunettes Harry Potter	3,99 $
– Déguisement de Hagrid	57,95 $
– Cape noir/rouge des élèves de Gryffondor (existe en 3 tailles du 4 au 14 ans)	26,99 $
– Cape noir/rouge de Hermione Granger (du 2 au 10 ans) et perruque rousse	47,95 $

Horizontalement :

1) Maggie Smith joue son rôle. 2) Célèbre université anglaise et lieu de tournage. 3) John Hurt l'interprétait dans le premier film. 4) Réalisateur. 5) Ce Rupert est Ron au cinéma. 6) Maison de production. 7) Le David producteur des films. 8) Le premier Dumbledore. 9) Le Capitaine Dubois au cinéma. 10) Incarne Hagrid. 11) Cette Julie incarne la mère de sorciers nombreux. 12) Percy Weasley dans le film. 13) À la fois Miriam et Professeur Chourave. 14) Emma, première de la classe.

Verticalement :

a) Créateur de Dobby et de Norbert. b) Ginny Weasley à l'écran. c) Revêt les traits de Rogue. d) Scénariste. e) Interprète de Nick-Quasi-Sans-Tête. f) Nom de James et Oliver, les jumeaux Weasley. g) Joue une méchante tante. h) Christian Coulson l'incarne dans *La Chambre des Secrets*. i) Rôle joué par Sally Mortemore. j) Tom et Drago Malefoy.

Magijeux

(Réponses p. 261)

MOTS MAGICROISÉS DES TROIS FILMS

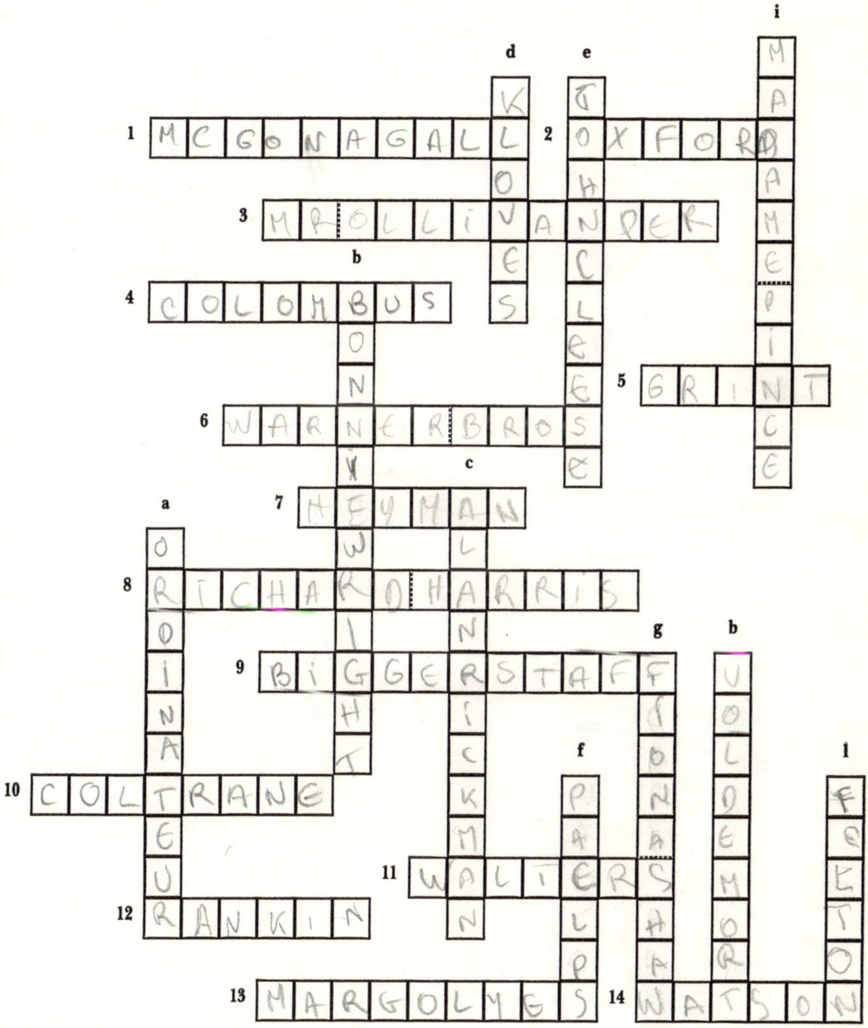

SECONDE PARTIE

Des citrouilles, des fables,
Des trucs et des recettes
Au milieu des fantômes, la table
Et l'étude des chouettes…

FANTASTICHAPITRE PREMIER

Voici, même sans assiettes d'or
Pour garnir votre table, un trésor...

(À table avec Harry Potter)

☛ *Magiguides : Lasagne Cocagne et Sabayon Illusion.*

Chers lecteurs, miam... hmm... nous voici ! Bienvenue à la cuisine ! Ne commencez-vous pas à avoir faim ? Cette promenade au milieu des secrets de Poudlard a dû vous ouvrir l'appétit ! Sabayon et moi-même sommes les deux lutins les plus malicieux du groupe : nous faisons tourner en bourrique tous les adultes qui ont décidé de perdre du poids. Ainsi, vous rappelez-vous lorsque votre maman s'est mise au régime salade-poisson bouilli pendant une année ? Le trois cent soixante-sixième jour, elle s'est retrouvée avec six kilos de plus... Elle a accusé son diététicien, affirmé que c'était à cause du stress (comme d'habitude !), mais en réalité, c'était notre faute !

Comment nous y prenons-nous ? C'est simple. Nous interférons sur le sens de l'orientation de nos « victimes », de telle sorte qu'elles se retrouvent systématiquement devant les vitrines des pâtisseries et des traiteurs. Nous convainquons leurs propriétaires d'ouvrir grand les portes de leur magasin, afin que les arômes irrésistibles des gâteaux et des vol-au-vent se diffusent dans la rue. Une fois la victime collée à la vitrine, on peut considérer que les jeux sont faits. Si elle résiste à ce premier impact, on peut être certain que, une fois arrivée à la maison, elle dévastera le réfrigérateur ou le placard à gâteaux !

Nous avons également trouvé une méthode d'intervention magique très efficace, en particulier sur les hommes entre deux âges : nous les rendons somnolents lorsqu'ils arrivent dans leur salle de sport et affamés lorsqu'ils en sortent !

Mais cela ne doit pas vous faire oublier que Sabayon et moi sommes aussi des lutins généreux, délicieusement accueillants et exquisément actifs. En somme, nous vous rendons la vie vraiment plus douce et plus savoureuse. Démonstration.

Vous trouverez ci-dessous une sélection des meilleures recettes de Poudlard, que nous avons subtilisées à l'elfe de maison chef de cuisine, grâce à l'habileté de notre ami Grégoire Écumoire. Pourquoi ? Parce que les aventures de Harry Potter sont remplies d'allusions gastronomiques à des recettes mystérieuses, presque toutes d'inspiration anglo-saxonne, dont vous vous êtes certainement demandé quel goût elles pouvaient avoir... Désormais, vous aurez l'occasion de goûter toutes les recettes que nous avons trouvées dans les romans de JKR. Vous pourrez réaliser, avec vos parents, des desserts somptueux, d'excellents plats et des en-cas délicieux à déguster à tout moment de la journée.

Bon appétit !

SAUCISSE ET ŒUFS À LA POÊLE

- *Ingrédients (pour 2 personnes)* : 4 œufs, 50 g de chair à saucisse, 1 noix de beurre.
- *Temps de préparation* : 10 minutes.

Faites chauffer le beurre dans une poêle. Ajoutez la chair à saucisse qui doit dorer et griller. Cassez les œufs sur la saucisse. Laissez cuire jusqu'à ce que les bords soient croustillants. Salez et poivrez. Servez immédiatement avec une tranche de pain grillé et beurré.

Pour un plat plus digeste, vous pouvez faire cuire la saucisse et les œufs au four. Vous pouvez également remplacer la saucisse par du bacon.

Enfin, si un membre de votre famille a des problèmes de cholestérol, remplacez le beurre par de l'huile d'olive, mais dans ce cas, ce ne sera plus de la cuisine anglo-saxonne, foi d'un petit lutin ! Et Mrs Weasley risque de ne pas supporter le changement !

PORRIDGE

• *Ingrédients (pour 4 personnes)* : 200 g de pruneaux, 160 g de flocons d'avoine, 100 g de crème liquide, sel.
• *Temps de préparation* : 30 minutes + temps de trempage des pruneaux.

La veille ou quelques heures avant de préparer le *porridge*, faites tremper les pruneaux pour qu'ils ramollissent.

Versez les flocons d'avoine dans 1 litre d'eau bouillante en remuant. Réduisez la flamme et laissez cuire pendant 20 minutes, jusqu'à l'obtention d'une bouillie épaisse. Ajoutez les pruneaux, salez et versez le tout dans une soupière. Incorporez la crème fraîche et mélangez bien. Placez au réfrigérateur. Servez le *porridge* froid.

Et maintenant, quelques recettes pour Halloween…

POTIRON AU FOUR

• *Ingrédients (pour 6 personnes)* : 1 potiron de 3 kg (au moins), 80 g de beurre, 80 g de farine, 80 g de fromage râpé, 2 dl de lait, 4 œufs, sel, poivre.
• *Temps de préparation* : 3 heures.

Découpez la partie supérieure du potiron, que vous transformerez en soupière. Ôtez les graines et la partie filamenteuse en prenant soin de ne pas percer l'écorce du potiron.

Faites cuire le potiron au four à température modérée, jusqu'à ce que la chair soit tendre (vérifiez en piquant avec une fourchette). Grattez délicatement l'intérieur du potiron à l'aide d'une cuillère à soupe pour prélever la chair que vous réduirez en purée. Vous devez obtenir environ 1 kilo de chair mixée.

Préparez une béchamel : faites fondre le beurre dans une casserole, ajoutez la farine, délayez et laissez cuire pendant 2 minutes. Arrosez progressivement avec le lait sans cesser de tourner pour éviter les grumeaux. Laissez mijoter 10 minutes. Salez.

Séparez les blancs des jaunes d'œufs. Incorporez les jaunes, la béchamel et le fromage râpé à la purée de potiron. Salez, poivrez. Montez les blancs d'œufs en neige ferme et incorporez-les à la préparation.

Beurrez, comme un moule à gâteau, l'intérieur de l'écorce du potiron et remplissez-le aux 3/4 avec la préparation. Préchauffez le four et disposez le potiron dans un plat adapté. Enfournez et laissez cuire pendant 40 minutes à température moyenne.

Sortez le potiron du four lorsque l'intérieur est bien doré.

Voici deux autres recettes à base de potiron. Ce sont des préparations secrètes que nous avons découvertes par hasard dans le cahier de l'elfe de cuisine de Poudlard. C'est Sabayon qui les a déchiffrées : elles étaient écrites à l'encre invisible et à l'envers, au dos d'une page !

CRÈME SALÉE AU POTIRON

• *Ingrédients (pour 4 personnes)* : 800 g de chair de potiron, 250 g de pommes de terre, 3 jaunes d'œufs, 4 cuillerées à soupe de lait, 2 cuillerées à soupe d'huile d'olive, 1 cuillerée à café de sucre, 1 pincée de gingembre râpé, 1 gousse d'ail, sel, poivre, croûtons ou toasts.
• *Temps de préparation* : 45 minutes.

Faites revenir à la poêle la chair de potiron et les pommes de terre coupées en dés. Ajoutez l'ail pilé, le sucre, le gingembre et 1 pincée de sel. Recouvrez d'eau, portez à ébullition puis baissez la flamme. Laissez cuire à couvert pendant 10 minutes. Retirez du feu et réduisez les légumes en purée. Gardez au chaud. Battez les jaunes d'œufs avec le lait, salez, poivrez et incorporez à la purée bien chaude. Servez avec des croûtons ou des toasts.

CRÈME SUCRÉE AU POTIRON

• *Ingrédients (pour 4 personnes)* : 250 g de chair de potiron, 150 g de sucre, 50 g de beurre, 2,5 dl de crème liquide, un bâton de vanille, 2 œufs, rhum (facultatif), sel, beurre pour le moule.
• *Temps de préparation* : 2 heures.

Préchauffez le four et faites cuire le potiron coupé en morceaux pendant 30 minutes à 190 °C.

Pendant ce temps, préparez un caramel : faites chauffer dans une casserole 100 g de sucre et 1 cuillerée à café d'eau, sans cesser de tourner, jusqu'à ce que le mélange brunisse. Versez le sucre caramélisé dans 4 petits moules beurrés, en en recouvrant le fond et les parois.

Mélangez le potiron réduit en purée avec le reste du sucre, le rhum, le beurre fondu.

Faites chauffer la crème avec le bâton de vanille. Lorsque la crème est chaude, ôtez la vanille. Battez les œufs et la crème refroidie et ajoutez-les à la purée de potiron en mélangeant bien. Répartissez dans les moules. Faites cuire au bain-marie pendant 45 minutes à 180 °C. Laissez refroidir avant de mettre les moules au réfrigérateur. Servez frais.

Au banquet de Halloween, on sert aussi des pommes de terre farcies. Les recettes qui suivent sont simples, mais très alléchantes.

POMMES DE TERRE FARCIES AUX CHAMPIGNONS ET PETITS POIS

• *Ingrédients (pour 4 personnes)*: 4 grosses pommes de terre bouillies, 4 champignons moyens (ou, à défaut, 1 cuillerée de champignons secs mis à tremper pendant 5 minutes), 500 g de petits pois, 1 oignon moyen, beurre, persil haché, sel.

Dans une poêle, faites revenir l'oignon émincé dans un peu de beurre. Ajoutez les champignons hachés grossièrement et faites-les dorer pendant 5 minutes. Saupoudrez de persil et salez.

Creusez les pommes de terre et farcissez-les du mélange aux champignons. Disposez une noix de beurre sur la farce et enfournez pendant 5 minutes. Servez les pommes de terre accompagnées des petits pois réchauffés dans 1 noix de beurre.

POMMES DE TERRE FARCIES AUX LARDONS

• *Ingrédients (pour 4 personnes)* : 4 pommes de terre moyennes cuites avec la peau, 80 g de lard coupé en dés, 2 œufs, 2 dl de crème fraîche, 30 g de beurre, persil haché, sel, poivre.
• *Temps de préparation* : 1 heure.

Coupez les pommes de terre bouillies en deux dans le sens de la longueur. Évidez délicatement chaque moitié en gardant la chair prélevée, que vous couperez en dés. Faites revenir dans une poêle chaude le lard. Lorsqu'il est bien doré, ajoutez la chair des pommes de terre. Remuez puis ajoutez les œufs battus avec la crème. Salez et poivrez. Ajouter le persil avant de farcir les pommes de terre évidées de cette préparation.

Faites cuire à four chaud pendant une dizaine de minutes. Servez aussitôt.

POMMES DE TERRE FARCIES AU FROMAGE

• *Ingrédients (pour 4 personnes)* : 4 grosses pommes de terre, 150 g de fromage frais, 1 cuillerée d'herbes fraîches (persil, basilic, ciboulette...), un morceau de gruyère de 50 g coupé en quatre.
• *Temps de préparation* : 90 minutes.

Sans les éplucher, piquer les pommes de terre à l'aide d'une fourchette et faites-les cuire au four pendant environ 1 heure à 180 °C. Enlevez ensuite la partie supérieure que vous utiliserez comme « couvercle ». Ôtez très délicatement la chair des pommes de terre que vous mélangerez, dans un saladier, avec le fromage frais et les herbes hachées. Remplissez les pommes de terre évidées avec cette préparation, sur laquelle vous déposerez 1 cube de gruyère, puis le « couvercle ». Faites cuire au four pendant une dizaine de minutes.

Au cours du premier banquet à Poudlard, Harry s'étonne de trouver sur la table, au milieu des nombreux plats de viande et de légumes, des bonbons à la menthe (*Harry Potter à l'école des sorciers*, p. 125). La raison en est simple : la menthe a des vertus digestives reconnues. En Angleterre, certains plats de viande sont traditionnellement servis avec une sauce à la menthe. Aussi vous proposons-nous une délicieuse recette de crème à la menthe : vous savez, celle qui rend exquis – que dis-je, sublimes ! – les chocolats fourrés que vous trouvez dans les pâtisseries et les supermarchés...

CRÈME À LA MENTHE

• *Ingrédients (pour 4 personnes)* : 5 cuillerées à soupe de sirop de menthe, 6 dl de lait, 6 jaunes d'œufs, 200 g de sucre, 40 g de farine, 1 bâton de vanille.
• *Temps de préparation* : 30 minutes + 3 heures au réfrigérateur.

Faites bouillir le lait avec le bâton de vanille. Lorsque le lait bout, ôtez le bâton de vanille et ajoutez le sirop de menthe. Mélangez.

Battez les jaunes d'œufs avec le sucre jusqu'à ce que le mélange devienne mousseux. Incorporez lentement la farine puis le lait à la menthe. Faites cuire à feu doux et sans cesser de remuer, jusqu'à ce que la préparation épaississe. Laissez refroidir et placez la crème au réfrigérateur. Servez très frais.

Lors de ce premier banquet à Poudlard, les viandes sont également accompagnées du célèbre *Yorkshire pudding*. Si vous brûlez de goûter cette spécialité, en voici la recette, ainsi que celle du *roast-beef* avec lequel on le sert traditionnellement.

ROAST-BEEF ET *YORKSHIRE PUDDING*

- *Ingrédients (pour 8 personnes)*: 1,5 kg de rôti de bœuf, un peu d'huile, sel, poivre.
- *Pour le pudding*: 120 g de farine, 2 œufs, 3 dl de lait, 2 cuillerées de jus du rôti, sel.
- *Temps de préparation*: environ 1 heure.

Préchauffez le four à 240 °C.

Dans un saladier, mélangez la farine, les œufs et le sel. Ajoutez peu à peu le lait puis 1 cuillerée d'eau froide. Laissez reposer cette pâte au réfrigérateur pendant la cuisson de la viande.

Mettez le rôti badigeonné d'huile dans un plat allant au four. Enfournez pendant une dizaine de minutes puis baissez la température du four à 200 °C. Faites cuire pendant 1/2 heure en arrosant de temps à autre la viande avec son jus de cuisson. Lorsqu'il est cuit, le rôti doit être rosé à l'intérieur et grillé à l'extérieur. Prélevez deux cuillerées de jus de viande et ajoutez-les à la pâte du *pudding*. Gardez le rôti au chaud hors du four.

Versez la pâte dans un plat allant au four et faites cuire le *pudding* à 200 °C pendant environ 15 minutes, jusqu'à ce que le dessus soit doré et croustillant.

Coupez la viande et disposez-la dans un plat de service avec le *pudding* chaud.

Parmi les nombreuses sauces qui circulent au cours du banquet, nous avons retenu la sauce aux myrtilles, qui accompagne magnifiquement les viandes rôties, en particulier la viande de porc.

SAUCE AUX MYRTILLES

• *Ingrédients (pour 4 personnes)* : jus de cuisson du rôti avec lequel la sauce sera servie, 200 g de myrtilles fraîches ou surgelées, 30 g de confiture de myrtilles, 4 cuillerées de bouillon de légumes, 1 cuillerée d'huile d'olive vierge, sel.
• *Temps de préparation* : 5 minutes.

Filtrez le jus de cuisson du rôti à l'aide d'un tamis. Dans une casserole, mélangez-le au bouillon de légumes et à la confiture de myrtilles. Réchauffez le mélange à feu doux et ajoutez-y les myrtilles et 1 pincée de sel. Après 2 minutes de cuisson, retirez du feu et ajoutez un filet d'huile d'olive. Versez la sauce chaude sur les tranches de rôti ou présentez-la dans une saucière.

Ce banquet pantagruélique ne serait pas complet sans desserts, et en particulier sans la fameuse *jelly*, cette gelée aussi parfumée que colorée.

Voici quelques exemples de gelées faciles à réaliser. Attention ! Il faut préparer la gelée à l'avance et la laisser plusieurs heures au réfrigérateur avant de la servir.

GELÉE DE FRAISES

• *Ingrédients (pour 6 personnes)*: 600 g de fraises, 200 g de framboises, 200 g de sucre, 6 feuilles de gélatine, 1 banane, 1 yaourt, 1/2 citron, 1 sachet de sucre vanillé.
• *Temps de préparation*: 30 minutes + 3 heures au réfrigérateur.

Faites ramollir la gélatine dans l'eau froide. Lavez et épluchez les fraises, les framboises et la banane. Mettez de côté quelques fruits pour la décoration et mixez le reste avec le yaourt, le sucre et le sucre vanillé. Égouttez la gélatine et ajoutez-la à la purée de fruits. Mélangez bien. Versez la gelée dans des moules individuels et laissez prendre au réfrigérateur pendant 3 heures. Avant de servir, décorez chaque coupe avec les fruits restants, citronnés et sucrés.

GELÉE DE FRUITS AU VIN

• *Ingrédients (pour 6 personnes)*: 1 kg de fruits variés, 50 g de sucre, 1/2 litre de vin blanc, 5 feuilles de gélatine, 2 citrons, crème chantilly pour la décoration.
• *Temps de préparation*: 1 heure + 7 heures au réfrigérateur.

Faites ramollir la gélatine dans un peu d'eau froide. Dans un saladier, mélangez 1/2 litre d'eau, le jus des 2 citrons, le vin et le sucre. Ajoutez la gélatine essorée et mélangez de nouveau. Versez un peu de ce mélange dans un moule et faites prendre au réfrigérateur pendant 1 heure. Coupez les fruits en dés et disposez-les dans le moule. Versez de nouveau, en couches alternées, la gélatine puis des fruits, jusqu'à ce que le moule soit rempli. Laissez reposer au réfrigérateur pendant 6 heures.

Avant de servir, démoulez la gelée sur un plat et décorez avec la crème chantilly.

GELÉE DE ROSES

• *Ingrédients (pour 6 personnes)*: 100 g de sucre, 4 feuilles de gélatine, essence de rose, 50 g de fruits confits, colorant alimentaire.
• *Temps de préparation*: 30 minutes + 3 heures au réfrigérateur.

Faites tremper la gélatine dans un peu d'eau froide. Lorsqu'elle est ramollie, mettez-la dans une casserole avec 1 litre d'eau, l'essence de rose et le sucre. Faites chauffer à feu doux jusqu'à ce que l'eau frémisse.

Retirez du feu, ajoutez quelques gouttes de colorant alimentaire et les fruits confits coupés en petits morceaux. Versez la préparation dans un moule et laissez prendre au réfrigérateur pendant 3 heures.

Démoulez sur un plat et servez frais.

Le fameux soir du banquet, les élèves de Poudlard voient également défiler, dans les assiettes en or, la très traditionnelle soupe anglaise ainsi que des gâteaux de riz.

La recette de la soupe anglaise que nous vous proposons est la plus classique. En ce qui concerne le gâteau de riz, nous tenons à préciser qu'il existe une multitude de recettes, qui varient en fonction des ingrédients que l'on ajoute au riz. Dans tous les cas, il s'agit de faire cuire le riz dans de l'eau ou du lait, d'ajouter différents ingrédients sucrés et de refaire cuire le tout pendant quelques minutes. La recette choisie pour vous par Grégoire Écumoire est celle du gâteau préféré des élèves de Poudlard : le gâteau de riz au chocolat.

SOUPE ANGLAISE

• *Ingrédients (pour 6 personnes)*: 1,3 litre de lait (ou 1 litre de lait et 3 dl d'eau), 3 jaunes d'œufs, 200 g de biscuits à la cuiller, 100 g de cacao en poudre, 6 tasses à moka de café, 30 g de liqueur parfumée, 4 cuillerées à soupe de farine, 3 cuillerées à soupe de sucre en poudre.
• *Temps de préparation*: 1 heure + 5 heures au réfrigérateur.

Préparez une crème en mélangeant 3 cuillerées à soupe de farine, 3 cuillerées à soupe de sucre, 3 jaunes d'œufs et 1 litre de lait. Faites épaissir le mélange à feu doux sans cesser de remuer. Dans une autre casserole, procédez de même en mélangeant 3 dl de lait (ou d'eau), 1 cuillerée de farine et 100 g de cacao en poudre. Versez le café et la liqueur dans une assiette creuse et mélangez.

Disposez une couche de biscuits à la cuiller imbibés du mélange café-liqueur au fond d'une terrine. Recouvrez d'une couche de chocolat puis d'une couche de crème. Renouvelez l'opération jusqu'à la dernière couche de crème. Faites refroidir au réfrigérateur pendant 5 heures. Servez frais.

GÂTEAU DE RIZ AU CHOCOLAT

• *Ingrédients (pour 6 personnes)*: 1 litre de lait, 200 g de riz, 100 g de noisettes hachées, 100 g de sucre, 50 g de cacao, 1 jaune d'œuf, le zeste d'un citron non traité, cerises confites et crème chantilly pour la décoration, beurre pour le moule.
• *Temps de préparation*: 30 minutes + quelques heures au réfrigérateur.

Faites cuire le riz dans le lait avec l'écorce du citron, jusqu'à ce que le riz ait absorbé tout le lait. Dans un saladier, battez le jaune d'œuf avec le sucre et le cacao jusqu'à ce que le mélange ait la consistance d'une crème épaisse. Incorporez les noisettes hachées. Ajoutez ce mélange au riz refroidi. Versez la préparation dans un moule beurré et laissez prendre au réfrigérateur pendant quelques heures.

Avant de servir, démoulez le gâteau sur un plat et décorez-le avec les cerises confites et la crème chantilly.

À Poudlard, élèves et professeurs dégustent également la célèbre tourte aux pommes anglo-saxonne *(apple pie)*, dont nous vous proposons ici la recette, originale évidemment !

APPLE PIE

- *Ingrédients (pour 6 personnes)* : 5 pommes non farineuses, 200 g de farine, 75 g de saindoux, 100 g de sucre, 1 citron non traité, 1 pincée de cannelle en poudre, 1 pincée de noix muscade râpée, 1 pincée de sel, eau glacée, beurre.
- *Temps de préparation* : 2 heures.

Mélangez la farine, le sel et le saindoux jusqu'à obtenir une pâte granuleuse. Ajoutez progressivement un peu d'eau glacée (indispensable pour que la pâte soit réussie) en pétrissant rapidement. Faites une boule et enveloppez-la dans un linge. Laissez reposer la pâte au réfrigérateur pendant 1/2 heure environ.

Sortez la pâte du réfrigérateur et divisez-la en deux parties égales. Étalez une moitié pour former un disque de 1/2 centimètre d'épaisseur et d'un diamètre supérieur de 3 centimètres à celui du moule.

Préchauffez le four à 200 °C.

Épluchez les pommes et coupez-les en fines lamelles. Râpez le zeste et prélevez le jus du citron. Mélangez délicatement le zeste, le jus de citron, le sel, la cannelle, la noix muscade et le sucre avec les pommes.

Garnir la tourtière du premier disque de pâte. Disposez les pommes épicées et parsemez-les de quelques noisettes de beurre. Recouvrez avec l'autre moitié de la pâte. Humidifiez les bords des deux disques de pâte pour qu'ils adhèrent bien l'un à l'autre.

Striez le bourrelet de pâte ainsi obtenu à l'aide d'une fourchette et faites quelques trous sur la surface du couvercle (avec un cure-dent, par exemple) pour que la vapeur puisse s'échapper en cours de cuisson.

Enfournez et procédez à la cuisson, en veillant à ce que l'*apple pie* ne brûle pas et à ce que les bords ne durcissent pas : 20 minutes à 200 °C, 20 minutes à 180 °C puis 20 minutes à 170 °C. L'*apple pie* est cuite lorsque le dessus de la pâte est bien doré. Si la pâte fonce trop vite, baissez la température du four et prolongez la cuisson. Si les bords deviennent secs ou brûlent, recouvrez la tourte d'un papier d'aluminium.

Sans sortir l'*apple pie* du four, étalez au pinceau du lait ou de la crème liquide sur la pâte, saupoudrez de sucre en poudre et laissez refroidir dans le four éteint.

Servez l'*apple pie* tiède ou à température ambiante, avec de la crème glacée ou accompagné de cheddar, un fromage typiquement anglais.

Et maintenant, volons (nous avons bien mangé, mais nous parvenons encore à voler !) jusqu'au fameux réveillon de Noël de Poudlard, vous savez, lorsque Harry reçoit en cadeau la Cape d'invisibilité…

Vous rappelez-vous Percy Weasley qui, au dessert, faillit se casser une dent sur une mornille en argent cachée dans sa part de pudding ? Eh bien ! ne croyez pas qu'il s'agit de la bêtise d'un elfe de maison particulièrement distrait ! C'est une coutume, en Angleterre, de cacher quelques pièces d'argent dans la pâte du *Christmas pudding*, un grand classique anglais des gâteaux de Noël. Croquer dans une pièce est une promesse de prospérité et de succès pour l'année à venir. On imagine quel plaisir le très ambitieux Percy a dû éprouver en en trouvant une dans sa part !

Voici donc pour vous, et rien que pour vous, la recette de ce gâteau typique. Attention ! Il s'agit d'un gâteau un peu... surprenant qu'il faut préparer *au moins un mois avant Noël*, de sorte que les ingrédients et les saveurs s'imprègnent bien les uns des autres. De plus, ce gâteau est flambé : demandez l'aide de vos parents. Ils seront sans doute étonnés, mais vous verrez, vous ne regretterez pas de vous être donné cette peine !

Christmas pudding

• *Ingrédients (pour 10 personnes)*: 200 g de beurre, 400 g de raisins secs de Corinthe, 350 g de raisins secs de Smyrne, 50 g de fruits confits coupés en petits dés, 25 g d'amandes hachées, 175 g de farine, 2 cuillerées à café d'épices mélangées, 1 cuillerée à café de noix muscade râpée, 175 g de pain de mie, 700 g de sucre de canne, 2 gros œufs battus, le zeste et le jus d'un citron non traité, 1 cuillerée à soupe de mélasse, 4 cuillerées à soupe de lait + *au moment de servir*: 150 g de beurre fondu parfumé avec 2 cuillerées à soupe de brandy, 1 cuillerée à soupe de brandy pour flamber.

• *Temps de préparation* : 6 heures de cuisson un mois à l'avance + 2 heures de cuisson avant de servir.

Faites tremper les raisins secs dans un saladier d'eau tiède. Beurrez abondamment un moule à cake (d'une contenance d'un litre).

Faites fondre le beurre. Dans un grand saladier, mélangez-le à tous les autres ingrédients à l'aide d'une cuillère en bois, jusqu'à obtenir une pâte homogène. Versez-la dans le moule beurré en laissant un espace de 2,5 centimètres pour que le gâteau ne déborde pas à la cuisson. Égalisez la surface et couvrez avec une feuille de papier sulfurisé préalablement beurrée (la partie beurrée doit se trouver du côté du gâteau). Fixez bien le papier en « bordant » le gâteau de chaque côté.

Faites cuire le gâteau au bain-marie. Pour cela, posez le moule à cake dans une grande marmite. Remplissez la marmite d'eau (jusqu'au tiers de la hauteur) et couvrez. Faites cuire la marmite à feu doux pendant 6 heures, en prenant soin de maintenir égal le niveau d'eau. Organisez au préalable un tirage au sort pour désigner qui veillera le gâteau pendant 6 heures pour remettre régulièrement de l'eau dans la marmite…

Au bout de 6 heures, si vous avez survécu à l'épreuve sans vous endormir, retirez le moule à cake de la marmite et laissez-le refroidir. Remplacez la feuille de papier sulfurisé par une feuille identique que vous fixerez comme la précédente. Conservez le pudding dans un endroit frais et bien ventilé (loin des animaux domestiques…).

Le matin de Noël, réchauffez le pudding au bainmarie, en remplaçant l'eau au fur et à mesure de son évaporation, pendant 2 bonnes heures. Lorsque le pudding est bien chaud, démoulez-le sur un plat de service. Versez 1 cuillerée à soupe de brandy (préalablement réchauffée dans une petite casserole) sur le dessus du pudding et, dès qu'il est posé sur la table, demandez à vos parents de le faire flamber.

Vos invités, une fois remis de leurs émotions, pourront déguster le pudding après l'avoir recouvert de beurre fondu parfumé au brandy.

Et pour finir, voici la recette de l'inoubliable… Bièraubeurre !

Pour inventer la Bièraubeurre, la boisson anti-froid la plus servie aux Trois Balais, JKR s'est probablement inspirée de quelque antique recette de boisson remontante, composée – comme le grog ou le punch – d'un mélange d'alcool et d'ingrédients très énergétiques tels que le miel ou le lait (dont le beurre est justement un dérivé).

Quelques spécialistes audacieux des cocktails en tout genre ont voulu définir la recette de la Bièraubeurre. En voici deux versions, l'une alcoolisée, l'autre non.

BIÈRAUBEURRE ALCOOLISÉE

• *Ingrédients (pour 4 personnes)* : 1/2 litre de lait, 1/2 litre de bière brune, 60 g de sucre, 4 œufs, 4 clous de girofle, 1 bâton de cannelle (ou 1 pincée de cannelle en poudre).
• *Temps de préparation* : 10 minutes.

Mélangez bien tous les ingrédients et faites chauffer le mélange à feu doux pour qu'il épaississe. Servez immédiatement dans des tasses ou des chopes.

BIÈRAUBEURRE SANS ALCOOL

• *Ingrédients (pour 1 personne)* : un verre de bière sans alcool, une grosse noix de beurre fondu, quelques cuillerées de crème fraîche.

Dans une casserole, faites chauffer la bière à feu très doux. Lorsqu'elle est chaude, incorporez peu à peu le beurre fondu en mélangeant délicatement. Ajoutez ensuite la crème et remuez à l'aide d'une petite cuillère, jusqu'à obtenir une boisson crémeuse.

FANTASTICHAPITRE DEUXIÈME

Chers lecteurs, connaissez-vous
Les chouettes et les hiboux
Tous ces oiseaux farfelus
Vivant la nuit chez les Moldus
Et portant, le jour, le courrier
Chez nos amis les sorciers ?

(À la découverte de nos amies les chouettes)

☛ *Magiguides : Edwige Prodige et Louise Surprise.*

Coucou ! Nous voici ! Y a-t-il longtemps que vous nous attendez dans la volière de Poudlard ? Hum... On dirait bien, vu le nombre de plumes que vous avez sur les cheveux et sur les bras ! Pardonnez-nous, nous avons eu un petit problème avec nos Magiguides... Auguste Locuste et Édouard Calamar, nos deux experts de la faune magique et non magique, se sont décommandés à la dernière minute. Ce n'est pas leur faute, c'est le Grillon parlant qui est responsable de ce désistement : ce matin, il n'a pas pu s'empêcher de chanter à tue-tête sous sa douche, tellement fort qu'il en est resté aphone, le jour même où il devait donner deux conférences. Comme d'habitude, la Fée aux cheveux bleus a appelé à la rescousse Auguste et Édouard, les seuls lutins capables de le soigner. C'est donc nous qui les remplaçons aujourd'hui. Par chance, nos deux maîtres ès magizoologie nous ont laissé leurs notes sur les chouettes. Nous allons pouvoir nous débrouiller, même si ce n'est pas un domaine dans lequel nous excellons *a priori*. Encore que nous soyons les spécialistes de l'incroyable ! Et vu le sujet que nous allons aborder, nous sommes finalement peut-être mieux placés que d'autres pour vous faire découvrir l'univers de ces animaux pour le moins particuliers[1]…

Mais lisez plutôt…

N'ATTENDEZ PLUS VOS LETTRES : LE FACTEUR EST UNE CHOUETTE !

On trouve des rapaces nocturnes sous toutes les latitudes. Ils ont tous pour caractéristique de dormir le jour et de sortir chasser la nuit. Ceux qui délivrent le courrier à Poudlard constituent une catégorie à part, sélectionnée dans le monde entier à l'issue de parties de rugbhibou[2] très animées.

---

1. Si les animaux bizarres qui peuplent l'univers magique de Poudlard vous intéressent (tels les hippogriffes, licornes, basilics ou phénix), nous vous recommandons la lecture d'un texte humain si riche et bien documenté qu'il n'a rien à envier aux manuels les plus précieux disponibles dans nos bibliothèques de Magiguides. Il s'agit de l'ouvrage d'Allan et Elizabeth Kronzek, *Le Livre de l'apprenti sorcier. Un guide du monde magique de Harry Potter*, éditions de l'Archipel, 2001.

2. *Rugbhibou* (de « rugby » et « hibou ») : sport d'équipe très populaire dans le monde des rapaces, dans lequel le ballon est remplacé par un porc-épic roulé en boule. L'équipe gagnante est celle qui réussit à envoyer le porc-épic dix fois de suite dans les buts. Les meilleurs lanceurs sont transférés d'office au Chemin de Traverse pour le marché aux hiboux, au cours duquel on les engage comme courriers express pour les sorciers et les élèves de Poudlard.

Les rapaces nocturnes sont tous des animaux bizarres, vraiment très bizarres... Ils sont capables de faire pivoter leur tête à 270 degrés (un truc digne de *L'Exorciste* !) pour une vision panoramique, ils voient parfaitement bien la nuit (sans toutefois distinguer les couleurs), localisent leurs proies à l'ouïe (l'effraie a carrément l'oreille droite orientée vers le haut et l'oreille gauche vers le bas pour mieux appréhender leur provenance !). De plus, ils volent dans le noir, totalement silencieux et invisibles, grâce à la disposition particulière de leur plumage.

Telles sont les caractéristiques des adultes, mais les petits ne sont pas en reste. Imaginez plutôt : vous êtes un prédateur, ou simplement un curieux qui s'approche du nid d'un peu près. Les petits hiboux entament soudain une danse effrénée « anti-intrus » : ils agitent les ailes, gonflent leurs plumes, secouent la tête en tendant le cou, le tout en ouvrant et fermant leurs gros yeux jaunes pour augmenter l'effet de terreur ! Je peux vous garantir que, neuf fois sur dix, l'intrus bat en retraite !

Bien. Maintenant que vous savez ce qui vous attend, montons au cinquième étage des dortoirs de Poudlard, celui des « facteurs ». Mais chut... pas un bruit !

Les rapaces nocturnes appartiennent à l'ordre des Strigiformes (du latin *strix* : chouette), que l'on peut diviser en deux grandes familles : les Tytonidés et les Strigidés.

Le représentant le plus connu de la famille des Tytonidés est la **chouette effraie** *(Tyto*

alba), également appelée « Dame blanche ». Elle ne mesure que de 35 à 40 centimètres et elle est la plus séduisante de tous, avec sa face en forme de cœur et son plumage aussi doux qu'une peluche. À Poudlard, sur les billets doux de la Saint-Valentin, on trouve souvent une tête de chouette effraie à la place du traditionnel cœur rouge. Et comme vous le verrez plus loin, il n'y a guère que l'espèce des « Hedwige » *(Harfang des neiges)* pour rivaliser avec la Dame blanche dans la catégorie des beautés strigiformes.

La famille des Strigidés compte aussi plusieurs espèces. Voyez celui-là, imposant, altier, qui vous fixe farouchement... C'est un hibou **grand duc** *(Bubo bubo)*. Il est assez féroce, mesure 70 centimètres et paraît quelque peu diabolique (il ne m'étonnerait pas que le professeur Rogue en ait un...).

Il existe deux espèces de hiboux très proches du grand duc : le **hibou de Virginie** *(Bubo virginianus)*, reconnaissable à ses aigrettes particulièrement grandes, et le hibou **grand duc lactescent** *(Bubo lacteus)*.

Mais regardez, voici le poids lourd du groupe : le ***Scoptiaptex nebulosa***, qui se reconnaît par sa taille immense (jusqu'à 80 centimètres) et son envergure supérieure à deux mètres !

À Poudlard, c'est le hibou que l'on utilise le plus volontiers pour le service postal transocéanique.

À côté de lui, le hibou **moyen duc** *(Asio otus)* paraît minuscule ! Il mesure 37 centimètres et possède de longues aigrettes caractéristiques. Il ressemble beaucoup au **hibou des marais** *(Asio flammeus)*. Comme Fred et Georges, on les confond souvent. Le problème, c'est qu'ils confondent aussi leur courrier et se trompent parfois de destinataire…

Voyez maintenant cet élégant hibou qui fait la révérence sur sa branche : c'est le sympathique hibou **petit duc** *(Otus scops)* reconnaissable à sa voix flûtée. Ne lui faites pas peur, sinon il gonflera son plumage en dressant ses aigrettes et en écartant les ailes… Mais ce n'est que pour vous impressionner ; en réalité, c'est un chou !

Et voilà, je le savais : vous êtes tombés sous le charme de la **hulotte** *(Strix aluco)*, qui vous regarde avec ses grands yeux doux ! Elle n'a pas d'aigrettes et ressemble à une peluche toute ronde, docile et intelligente, bien que les humains l'aient longtemps considérée comme un animal stupide. Si vous êtes d'accord, on pourrait l'élire mascotte du groupe !

Impossible de visiter une volière digne de ce nom sans y admirer les cousines de Hedwige, toutes aussi sophistiquées et mystérieuses les unes que les autres. Regardez ! Hedwige est là, en personne, stratégiquement installée près de la fenêtre, de sorte que la lumière de la lune se reflète sur ses plumes blanches ! D'un point de vue strictement zoologique, Hedwige est une chouette **harfang des neiges** *(Nyctea nyctea).* Sur le plan des mondanités, elle est aussi Miss Collège. Elle est magnifique, avec son dense plumage blanc qui la recouvre jusqu'aux pattes. Elle vit dans les zones arctiques et peut atteindre 70 centimètres de longueur (un peu plus pour les femelles, comme c'est souvent le cas chez les chouettes). À propos, saviez-vous que, chez le harfang des neiges, seul le mâle est d'un blanc immaculé ? La femelle présente des stries brunes (verticales ou horizontales) sur la partie inférieure de la tête et du corps. Hedwige ne serait-elle pas plutôt... Hector ?

Plus petite, mais tout aussi célèbre (du moins jusqu'au déferlement de la vague Potter sur le monde), est la **chevêche commune** *(Athene noctua).* Dans la mythologie antique, elle était l'animal attribut de Minerve (Athéna pour les Grecs, d'où son nom), déesse de la sagesse : elle est donc devenue l'emblème de cette vertu. De même, les Indiens d'Amérique considéraient les chouettes en particulier et les Strigidés

en général comme des symboles de sagesse et des messagers porteurs de bonnes nouvelles.

À l'inverse, dans d'autres civilisations, on a fait des rapaces nocturnes des « oiseaux de mauvais augure », comme le démontrent certains de leurs surnoms (à commencer par la chouette *effraie* !). Leur cri, souvent strident ou plaintif, a été longtemps entendu comme un présage de mort. Selon une croyance populaire, la chouette venait chanter sur les toits des maisons où l'on veillait un mourant (on l'accusait donc d'annoncer la mort de ce dernier). Mais nous, les Magiguides, pouvons vous assurer que c'est faux. Nous connaissons même un groupe, les Chouettes Sisters, qui ne chante que sur les toits des maternités et des jardins d'enfants !

On compte aussi, parmi les chouettes, des pêcheuses. La plus connue est l'imposante **chouette pêcheuse d'Afrique** *(Scotopelia peli)*, longue de 60 centimètres. À Poudlard, ces chouettes ne font pas qu'acheminer le courrier : elles fournissent également les cuisines en poissons frais, directement extraits du lac.

Il existe une **chouette des terriers** *(Speotyto cunicularia)*, passionnée de spéléologie, qui fait des tanières des autres animaux ses refuges pendant la journée.

Connue comme elfe dans notre univers magique, l'espèce nord-américaine des ***Micrathene whitneyi***, minuscule (13 centimètres), nidifie dans les trous creusés puis délaissés par les pics dans les cactus. À peine plus grande, de la taille d'un étourneau (18 centimètres), voici la **chevêchette d'Europe** *(Glaucidium passerinum)*. Nous sommes prêts à lancer les paris sur la vraie nature de Coquecigrue, le mini-hibou de Ron Weasley...

Enfin, à mi-chemin entre la chevêche et la hulotte, on trouve la **chouette de Tengmalm** *(Aegolius funereus)*, couverte d'un épais plumage brun. Sa tête est très large. En dépit de son nom lugubre, nous pouvons vous assurer qu'elle sait s'amuser. Elle vit dans les Alpes. L'hiver, elle adore boire de la bière brune et manger de la raclette, si possible avec de la charcuterie de mulot et de lézard...

Si tu n'es plus toute jeunette,
On t'appelle vieille chouette.
Si tu restes seul dans ton trou,
On te traite de vieux hibou.
La nuit, si l'on entend tes pleurs,
Tu es un oiseau de malheur.
Cette bicoque abandonnée,
Nid de hibou est appelée.
Tout cela n'est pas justifié
Et bien moins encore mérité.
Nous sommes oiseaux intelligents
Perspicaces, point envahissants.
Lorsque dans le noir nous volons,
Jamais personne nous ne blessons.
Nous ne portons pas l'infortune
Quand nous chantons au clair de lune.
Et nous sommes loin d'être bêtes...
Nous, les hiboux, sommes très chouettes !

(Poème anonyme, communément attribué au hibou Nocturnus Magnus.)

FANTASTICHAPITRE TROISIÈME

Citrouille, concombre et potiron... Nous sommes les cucurbitacées ! Lisez ce chapitre et le melon N'aura, pour vous, plus de secrets

(Pour tout savoir sur les lanternes de Halloween)

☛ *Magiguides : Laetitia Forsythia et Brice Narcisse (choisis pour leurs indiscutables compétences en botanique).*

Chers lecteurs, ne trouvez-vous pas, dès le début de ce nouveau chapitre, que l'air que vous respirez est plus frais, plus vivifiant ? Entendez-vous les oiseaux qui chantent ?

Bienvenus, chers lecteurs, dans le royaume des lutins jardiniers, reconnaissables parmi tous à leur pouce vert émeraude ! D'ailleurs, leur index aussi est vert, et à bien y regarder, les autres doigts également... Et voyez leurs doigts de pied : vert émeraude itou !

Si vous voulez des preuves tangibles de notre intervention magique, écoutez attentivement votre maman le matin, lorsqu'elle sort sur le balcon ou dans le jardin. Si vous l'entendez gazouiller et s'exclamer : « Oh, c'est merveilleux ! Il est en fleur ! », cela signifie que nous avons fini par convaincre un arbuste un peu paresseux à s'épanouir enfin, après quinze jours d'oisiveté totale.

Si, au contraire, un hurlement vous fait sursauter au moment où votre maman entre dans le salon et que vous la voyez s'agiter désespérément devant son ficus en hurlant : « Ce n'est pas possible ! Regardez ! Il a perdu toutes ses feuilles ! », c'est que nous étions d'humeur taquine. Dans ce cas, nous donnons l'ordre à tous les ficus de l'immeuble de se transformer en platanes avant l'automne. Méchants, nous ? Nooon ! Seulement lutins, nuance ! On embête parfois un peu les gens, mais pour nous, c'est une question de survie !

Notre passe-temps préféré, les jours de pluie, s'appelle « le pari de l'escargot ». Chacun d'entre nous choisit un de ces délicieux gastéropodes. Nous les conduisons ensuite dans une plate-bande de laitues bien tendres et les y lâchons. Au bout d'une demiheure, on compte combien de plants de salades chaque escargot a dévastés. Le gagnant est celui qui a misé sur l'escargot le plus vorace.

De notre intervention dépendent également un tas de phénomènes tels que les infestations de poux, le développement des moisissures ou les giboulées de grêle, mais aussi les courgettes géantes, les vendanges exceptionnelles et les récoltes abondantes de fruits d'été.

Mais trêve de bavardages. Passons aux choses sérieuses. Si nous vous avons convoqués ici, c'est pour vous donner une foule d'informations sur les citrouilles, symboles de la nuit de Halloween (nous verrons pourquoi plus loin) et stade initial du carrosse de Cendrillon. Décidément, ce végétal semble être destiné à prospérer dans le monde de la magie… Alors écoutez bien, nous allons tout vous dire sur l'univers des citrouilles.

VOICI LE RÉSULTAT DE NOS FOUILLES : PLEIN D'ANECDOTES SUR LES CITROUILLES !

D'où proviennent les citrouilles ? On ne connaît pas précisément leur origine, mais on sait qu'elles étaient déjà cultivées au Mexique en 7000 avant Jésus-Christ, alors que leur présence en Europe n'est attestée qu'au XVIe siècle (la première description botanique date de 1562). On peut donc imaginer que, comme ce fut le cas de la pomme de terre, de la tomate et de nombreux autres végétaux, la citrouille est arrivée sur l'Ancien Continent suite aux expéditions des grands explorateurs. Elle était connue des Indiens d'Amérique et des autres populations indigènes du Nouveau Monde, comme en témoignent leurs nombreux ustensiles de cuisine (flasques, bouteilles, écuelles) ou instruments de musique fabriqués à partir de citrouilles évidées.

Écoutez plutôt cette anecdote fascinante (et magique !) : les médecins-sorciers de la tribu indienne Lakota utilisent des grelots faits de petites citrouilles à l'intérieur desquelles sont placés quatre cent cinq cristaux minuscules que l'on trouve dans les fourmilières et qui correspondent aux quatre cent cinq plantes connues par cette tribu. On les appelle les « pierres parlantes ». Lorsqu'on agite le grelot au chevet d'un malade, on dit que les sons produits par les cristaux sont les voix des esprits appelés à le guérir.

Comme ses cousins le concombre, la courgette, la pastèque et le melon, la citrouille appartient à la famille des cucurbitacées. Ce mot dérive du nom latin *cucurbita,* dans lequel le radical *curb-* désigne la manie qu'a ce végétal, tantôt rampant, tantôt grimpant, de se « courber » et de s'entortiller.

Les espèces de cucurbitacées sont très nombreuses ; on peut toutefois les diviser en trois catégories : les potirons, les courges et les citrouilles.

Le nom scientifique du **potiron** est *Cucurbita maxima.* Le poids de certaines variétés hybrides, tel *Atlantic Giant,* par exemple, peut atteindre, voire dépasser le quintal (500 kilos !). On trouve, dans le monde entier, des passionnés de potirons qui les cultivent et vont jusqu'à organiser des concours lors desquels les fruits sont pesés et mesurés.

Le potiron est toujours arrondi, parfois en forme de turban (de couleur magnifique), tantôt orange vif, telle la variété Étampes, tantôt jaune d'or, ou encore lisse et à rayures très marquées. Vous trouverez, à la fin de ce fantastichapitre, les raisons pour lesquelles la *Cucurbita maxima* est devenue LE potiron par excellence et l'emblème de la fête de Halloween.

La **courge** (*Cucurbita moschata*) est moins impressionnante, mais peut atteindre une taille imposante. Les diverses variétés sont de forme ronde ou allongée et la couleur de leur écorce va du vert foncé à l'orange, en passant par le jaune et le rayé.

La **citrouille** (*Cucurbita pepo*), quant à elle, est bien différente. Ce qui la distingue avant tout des autres espèces est l'époque de maturation et de récolte de ses fruits. La *Cucurbita maxima* et la *Cucurbita moschata* atteignent le stade de la maturation vers la mi-octobre (on les appelle parfois « potirons d'hiver »), tandis que la *Cucurbita pepo* se récolte dès la première partie de l'été, lorsqu'elle est encore tendre à l'intérieur et que ses pépins n'ont pas durci. De plus, elle est en général moins grosse que ses grandes sœurs (l'équivalent d'un chat à côté d'un lion). C'est à partir de la *Cucurbita pepo* que les spécialistes ont créé le plus grand nombre de variétés hybrides, de

formes et de couleurs toutes plus étonnantes les unes que les autres, comme les pâtissons et autres courges décoratives.

Nous, les lutins, cultivons dans nos propriétés magigricoles presque toutes les variétés hybrides de *Cucurbita pepo* que connaissent les humains, à commencer par l'*aurantia*. C'est une variété de courge orange, comme son nom l'indique, que les princes orientaux les plus astucieux accrochaient dans leurs orangers lorsque ces derniers ne produisaient pas de fruits, faisant ainsi croire que leurs arbres fructifiaient continuellement et en abondance !

Nous cultivons aussi la *citrulina*, qui ne fait d'ailleurs jamais ce qu'on lui demande : lorsqu'on la voudrait rampante, elle grimpe, lorsqu'on la préférerait grimpante, elle rampe. Un vrai désastre ! La *clypeata*, quant à elle, a la forme d'une épée. Par moment, elle se met à se battre avec ses voisines. La *depressa* a l'air avachi, il n'y a pas moyen de la redresser ! La *verrucosa* nous coûte une fortune en visites chez le dermatologue. La *torticollis* est une variété très délicate, elle ne sort jamais sans son écharpe !

Enfin, la très gracieuse *ovifera*, toute blanche, ressemble vraiment à un œuf ; elle sert de modèle pour la ponte des plus jeunes de nos magipoules. Nous ne la mangeons que pour Pâques. Le reste de l'année, on peut observer Brice Narcisse entrer dans le poulailler, une petite courge ovale à la main, et dire en la désignant : « Voici ce à quoi vous devez arriver. Prenez-en de la graine ! » Une des poulettes a mal compris le message. Armée d'une pioche et d'une bêche, elle a fait pousser une plate-bande de *Cucurbita ovifera*. Résultat : une récolte de plus de trois kilos !

DES POTIRONS ÉTRANGES ET CURIEUX, POUR NE PAS DIRE CARRÉMENT MERVEILLEUX…

Nous avons sélectionné pour vous les variétés les plus insolites de potirons. Les connaissez-vous ?

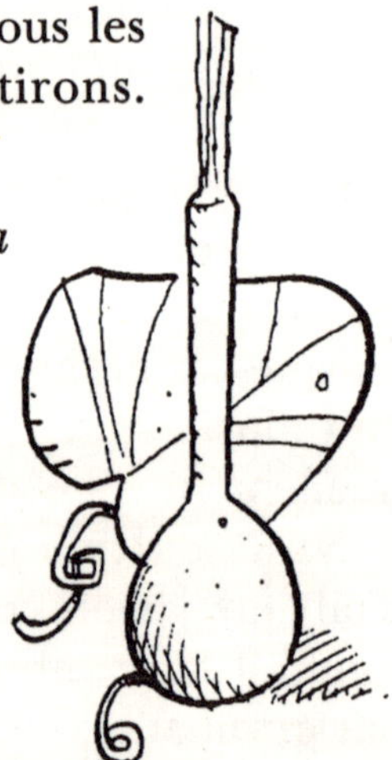

• Le **potiron-gourde** *(Cucurbita lagenaria)* : reconnaissable à sa forme de flasque au col très allongé, ce potiron est vide lorsqu'il arrive à maturité. Son écorce est très dure (on dirait presque du bois), ce qui en a fait, dans les campagnes, un récipient idéal pour les boissons.

• Le **potiron-spaghetti** *(Cucurbita ficifolia* ou *melanosperma)* : lorsqu'il est mûr, sa chair se présente sous la forme de grands filaments jaune paille semblables à des spaghettis très fins. Une fois cuits (dans de l'eau bouillante, comme on procède avec les pâtes), ces spaghettis végétaux ont la même consistance que les spaghetti de blé, mais leur goût est plus fin. Si vous souhaitez le cultiver, sachez que le potiron-spaghettis s'acclimate très bien sous nos latitudes et qu'on trouve facilement ses graines dans le commerce.

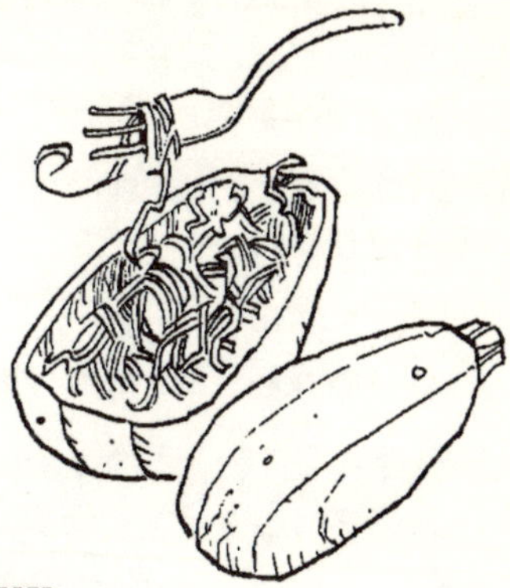

• Le **potiron-éponge** *(Luffa cylindrica)* : originaire d'Afrique australe, il ressemble à un concombre, mais son goût est plus amer. Lorsqu'il est mûr, on fait sécher sa chair fibreuse que l'on utilise ensuite comme éponge. Vous trouverez cette éponge végétale dans les herboristeries.

ET MAINTENANT, QUELQUES POTIMERVEILLES...

☺ Le plus petit potiron : la variété hybride *Baby Boo* (5 centimètres de diamètre).

☺ Le plus gros : l'*Atlantic Giant*, qui mesure 3 mètres de circonférence et pèse 224 kg en moyenne. Bon appétit.

☺ Les paysans humains aiment raconter que les potirons et autres courges poussent comme ils veulent et quand ils veulent, et qu'il n'y a pas moyen de les dompter. Ainsi, une courge peut atteindre 15 mètres de longueur. Nous, lutins, confirmons ce phénomène :

même si nous maîtrisons parfaitement le langage cucurbitacéen (pas moins de deux cents dialectes !), nous sommes toujours en train de leur courir après !

☺ Si des melons poussent près d'un potiron, leur chair prendra le goût de ce dernier.

☺ Il faut 120 à 140 jours de soleil bien chaud à une graine de potiron pour donner un fruit mûr.

☺ Il existe, aux Pays-Bas, un musée consacré aux potirons d'ornement. C'est le musée Broeker Veiling à Broek op Langedijk (à vos souhaits).

☺ De nombreuses fêtes de la citrouille ont lieu chaque année en Europe. On y organise des concours sur la taille ou l'aspect des fruits, des expositions et des dégustations. C'est le cas, par exemple, en Italie (à Mantoue, capitale italienne de la culture du potiron), en France (en Corrèze ou en Picardie) ou en Autriche (à Wolfsberg, où sont exposées environ 450 variétés de potirons).

☺ Pour savoir si un potiron (ou une pastèque) est mûr, il faut taper dessus comme on frappe à une porte (avec les phalanges, les doigts repliés). Si elle est prête à être consommée, elle rend un bruit sourd. Si, au contraire, elle n'est pas mûre, silence (encore que nous, lutins, percevions une petite voix contrariée qui dit : « Repassez plus tard ! »). Une autre méthode consiste à essayer de transpercer l'écorce du potiron avec une aiguille. S'il est mûr, impossible d'enfoncer l'aiguille jusqu'à la chair.

JACK L'IVROGNE ? À CAUSE DE CET HISTRION, LE POTIRON SE TRANSFORME EN LAMPION !

Il était une fois un forgeron radin, escroc et ivrogne, prénommé Jack. Un soir de Halloween, il entre dans un pub et se met à boire. À une table près de lui s'assied le diable en personne, qui décide de l'emporter. Jack lui propose un dernier verre en échange de son âme. Le diable accepte et, grand seigneur, se transforme en

pièce de 6 pence pour payer l'aubergiste. Jack s'empare de la pièce et la fourre dans son gousset, avec une croix en argent. Ce symbole de Dieu empêche le diable de reprendre sa forme initiale.

Jack propose alors au diable de le libérer, à condition qu'il ne réapparaisse pas pendant dix ans. Le diable accepte et disparaît.

Dix ans s'écoulent et le diable retourne voir Jack pour l'emmener en Enfer.

« J'arrive tout de suite ! », répond Jack, qui se trouve au milieu d'un verger. « Mais laisse-moi seulement manger une pomme[1] avant de te suivre. Peux-tu me cueillir celle-ci ? » Le diable grimpe sur le pommier. Aussitôt, Jack grave une croix sur le tronc de l'arbre, l'empêchant ainsi de redescendre. Nouveau pacte : Jack veut bien rayer la croix du tronc, à condition que le diable n'emporte pas son âme. Le diable accepte.

Jack continue de mener sa vie d'escroc et d'ivrogne jusqu'au jour de sa mort. Bien entendu, le jour venu, il est chassé du Paradis. Mais en Enfer, il est également chassé par le diable, qui s'est engagé à ne pas prendre son âme : « Tu ne peux pas rester ici, retourne d'où tu viens ! » Dehors, le vent souffle fort et il fait nuit noire. Jack demande, en pleurnichant, un peu de feu pour éclairer son chemin jusqu'à la maison. Le diable finit par lui lancer un morceau de charbon incandescent provenant de l'Enfer. Pour que le vent n'éteigne pas cette unique source de lumière, Jack place le charbon à l'intérieur d'un navet. Et jusqu'au jour du Jugement, il est condamné à errer dans l'obscurité, son lampion improvisé à la

1. Aux États-Unis, le jeu le plus courant, lors de la fête de Halloween, consiste à manger une pomme flottant dans une cuvette pleine d'eau, les mains attachées dans le dos.

main. On l'appelle depuis Jack O'Lantern et il est devenu le symbole des âmes damnées.

Cette légende a certainement été amalgamée à une autre, selon laquelle, dans la nuit de Halloween, les morts quittaient leurs tombes pour retrouver la chaleur de leurs anciennes maisons. Pour éloigner les habitants des villages, ils enfilaient d'affreuses guenilles et sculptaient d'horribles visages dans de gros navets ou des pommes de terre, à l'intérieur desquels ils allumaient une bougie et qu'ils exposaient ensuite sur le rebord des fenêtres. Enfin, ils déposaient des desserts et autres mets devant la porte[1] pour les esprits, afin que ceux-ci passent leur chemin sans s'arrêter pour détruire les maisons ou les récoltes.

Dans la tradition celtique, à l'instar de la pomme, de la noisette et de tous les fruits et légumes arrivant à maturité à la fin de l'été et se conservant pendant l'hiver, le potiron était considéré comme un symbole d'abondance, de fécondité et de promesse d'éternité.

Plus de 700 000 Irlandais émigrèrent vers les États-Unis lors de la tragique famine des années 1845-1850. Ils importèrent dans leur terre d'accueil la légende de Jack et la coutume d'illuminer des navets. Les navets n'étant pas chose courante dans ce nouveau pays, ils eurent l'idée de les remplacer par de gros potirons orange et jaunes qui abondaient en Amérique, de surcroît plus faciles à évider et à tailler. On ne pouvait pas trouver mieux comme lampions pour chasser les esprits ! Et c'est ainsi que la *Cucurbita maxima* est devenue célèbre dans le monde entier !

---

1. D'où le célèbre « *Treat or trick !* » (« Une friandise ou une blague ! »).

FANTASTICHAPITRE QUATRIÈME

L'univers de Harry, monde de magie, D'étranges fantômes est aussi rempli...

(Les phénomènes paranormaux à Poudlard)

☛ *Magiguides : Jean-Marie Euphorie et Edwige Prodige (pour vous tranquilliser si ce sujet vous effraie...).*

Il faut bien admettre que, pour les nouveaux inscrits à Poudlard, le premier contact avec la magie et la sorcellerie n'est pas des plus évidents à vivre, avec tous ces fantômes et autres spectres qui, à l'intérieur du château, surgissent de toutes parts... À tel point que, pendant un instant (un tout petit instant), on ressentirait peut-être même (j'ai bien dit peut-être) une certaine compassion (mais légère, imperceptible, éphémère, quasi nulle) pour Drago Malefoy qui, lors du premier banquet à Poudlard, se retrouve assis juste à côté de l'horrible Baron Sanglant...

Mais le Baron n'est pas le seul fantôme de Poudlard ! Il y a aussi Nick Quasi-Sans-Tête, Peeves, le Moine Gras, bref, une véritable armée !

Ne vous êtes-vous jamais demandé si les fantômes – tels ceux qui hantent Poudlard – existent réellement, si quelqu'un en a déjà vu, d'où ils viennent, qui ils sont, ce qu'ils font et où on peut les trouver ? Non ? Si ? Allez, reconnaissez que vous vous êtes déjà posé la question ! Ne craignez rien, nous sommes entre amis lutins !

En ce qui concerne les fantômes, l'un de nous peut vous en parler en connaissance de cause. C'est Victoire Mémoire, l'assistante de Sophie Amnésie qui, depuis 1867, est littéralement persécutée par Ludo Lourdeau, un lutin fantôme très vulgaire qui a l'aspect d'un gros taon. Il passe son temps à bourdonner autour de cette pauvre Victoire et à essayer de lui piquer le derrière en proférant des obscénités. Comment ça, quelles obscénités ? Magerlipopette, mais ce ne sont pas des choses à répéter ici ! Comment ça, vous en avez entendu de pires ? Certes, mais ce genre de propos n'a, de toute façon, pas à tomber dans l'oreille des lecteurs de ce livre. Cela dit, comme nous sommes des lutins généreux, nous acceptons de vous livrer la moins grossière des grossièretés de Ludo Lourdeau, mais à voix basse et à l'envers[1]. Il ne faudrait pas que Victoire Mémoire l'entende ! Voici : « ! esor ne eiv al riov iaref et ej, iom ceva sneiv ut iS ! sa ut evêr ed euqisyhp leuq ! eépuop, tulaS. » Brrrr ! La pauvre ! Mais revenons à nos fantômes.

On dispose d'une infinité d'informations sur les fantômes. Il est toutefois très difficile de distinguer le vrai du légendaire, car dans le domaine de ce qu'on appelle la parapsychologie, les charlatans et les escrocs sont plus nombreux que les puces sur le dos d'un ours. C'est la raison pour laquelle nous avons

1. Les lutins les plus évolués sont doués de la capacité de parler et d'écrire à l'envers, dont ils usent généralement par jeu et parfois avec malice. Cette faculté est très utile, par exemple, pour indiquer le chemin aux pauvres promeneurs perdus dans la forêt. Ces dernières années, on a également recensé des cas d'écriture à l'envers dans le secteur informatique, perpétrés par certaines imprimantes. Bien sûr, nous, les lutins, sommes à l'origine de ces phénomènes, bien que les humains finissent toujours par accuser l'installateur du matériel…

préféré, pour nous documenter sur ce sujet, ignorer ce qui est pourtant considéré comme le summum de la connaissance sur terre, à savoir l'*Encyclopédie de Magiculture universelle,* pour nous tourner vers des ouvrages humains qui font la synthèse des études scientifiques les plus rigoureuses réalisées, jusqu'au milieu du XXe siècle, sur les entités et les phénomènes paranormaux (ainsi que sur les escroqueries les plus courantes dans ce domaine).

Nous nous sommes ainsi rendu compte que JKR n'a pas tout inventé et que de nombreux éléments de ses romans présentent des similitudes avec des épisodes et des personnages cités dans lesdits ouvrages. Pour vous mettre en appétit, sachez qu'en 1716 et 1717 les chroniqueurs anglais ont enregistré plusieurs témoignages concordants au sujet d'apparitions d'un Poltergeist dans la maison d'une certaine famille Wesley (il manque un *a,* mais ce nom rappelle étrangement celui de la famille de Ron). Les Wesley ont déclaré à trois reprises avoir repéré la créature sous la forme d'un blaireau, animal peu domestique s'il en est.

Dans ce fantastichapitre, vous apprendrez une multitude de choses sur les fantômes et ferez connaissance avec les fantômes les plus célèbres... et les plus affreux. Mais n'ayez pas peur, nous sommes là !

SI L'ON CROISE UN FANTÔME EN PASSANT C'EST RAREMENT LORSQU'ON S'Y ATTEND...

Qu'est-ce qu'un fantôme ?

Le terme « fantôme » dérive du mot grec *phàntasma* signifiant « vision ». Les spécialistes préfèrent parler d'« esprits » pour désigner ces figures humaines qui ont pour habitude de manifester leur présence à l'improviste. En général, il s'agit de personnes décédées, mais on a enregistré de nombreuses apparitions de personnes vivantes, parfois même très loin de leur lieu de résidence habituel.

Pour les spécialistes de parapsychologie, les manifestations de lutins (c'est nous !), de fées et autres créatures autonomes considérées comme des êtres magiques constituent une catégorie à part : nous serions, selon leurs termes, des « esprits élémentaires ».

(À ce propos, permettez que j'ouvre une parenthèse indignée. Élémentaires ? Non mais, vous rendez-vous compte du scandale ? De l'offense ignoble faite à notre dignité ! Nos pouvoirs à nous, créatures magiques, sont tels qu'on aurait pu au moins nous faire entrer au collège ! Élémentaire, je vous demande un peu... Passons. Notre magi-expérience millénaire nous a appris à tolérer ces pathétiques tentatives humaines de nous présenter comme créatures inférieures ! Du reste, notre tolérance a été largement récompensée par l'intérêt que nous portent des chercheurs humains des universités du monde entier, qui se damneraient pour découvrir tous nos secrets ! Alors, qui sont les « élémentaires », hein ? Parenthèse fermée. Ahhh ! Je me sens déjà mieux !)

Peut-on voir les fantômes ?

Comme vous l'avez sans doute remarqué, nous avons mentionné des « manifestations », des « esprits », non des « visions ». Les fantômes ne se laissent pas toujours voir, mais signalent leur présence par des sons, des voix, des déplacements et des apparitions d'objets, des messages écrits, des dessins, etc.

De quelle façon se manifestent-ils ?

Il n'existe aucune explication scientifique absolument valable, mais les spécialistes s'accordent de plus en plus à dire que tous les phénomènes paranormaux authentiques sont produits par des formes particulières d'énergie psychique.

Comment se comportent-ils ?

Définir un schéma de comportement des fantômes est impossible. Certains n'apparaissent qu'à une seule personne, tandis que d'autres préfèrent un public plus étendu (tels ceux de Poudlard...). On peut voir des fantômes dans les moindres détails (tels ceux de Poudlard...) et, dans certains cas, déceler jusqu'à une sorte de rythme cardiaque, alors que d'autres se contentent de flotter dans l'air comme des ombres nébuleuses.

Les manifestations de certains fantômes ne sont décelables que par l'intermédiaire d'un médium ; d'autres, au contraire, n'ont besoin de personne pour se révéler (tels ceux de Poudlard...). Les uns n'apparaissent qu'une fois, d'autres pendant quelques jours ou quelques semaines avant de disparaître définitivement ; d'autres encore réapparaissent périodiquement, parfois à des années d'intervalle...

Enfin, si certains aiment s'établir dans un endroit fixe et bien défini (tels ceux de Poudlard...), d'autres suivent volontiers les humains dans leurs déplacements.

Pour quelle raison se manifestent-ils ?

Les fantômes se manifestent pour communiquer, pour avertir de l'imminence d'événements funestes ou de dangers (c'est le cas le plus fréquent lorsque des personnes en vie apparaissent à des proches) ou, plus simplement, pour échanger et converser avec les personnes qui font appel à eux lors des séances de spiritisme.

Peut-on les invoquer à volonté ?

Ah ! ah ! Question cruciale, à laquelle vous êtes impatients de nous voir répondre ! Du calme ! Invoquer un fantôme, ce n'est pas aussi facile que d'appeler un livreur de pizzas à domicile. Vous imaginez la scène ? « Allô, spectre ? Mettez-moi deux chevaliers médiévaux, sans casque, avec supplément de boucliers ! » Si seulement c'était possible !

En réalité, il n'existe aucune garantie concernant les manifestations du fantôme invoqué, pas plus que l'on ne peut être certain qu'il se passera quelque chose au cours d'une séance de spiritisme. La présence d'un authentique médium augmente théoriquement les chances de réussite, mais attention ! ils ne sont pas nombreux et sont, en général, personnes sérieuses et réservées, qui ne font en aucun cas la publicité de leurs services dans la presse ni à la télévision. Les médiums ont un fantôme personnel (appelé « esprit-guide ») qui, lorsqu'ils sont en état de transe, utilise leur corps et leur voix pour dialoguer avec les personnes présentes et, souvent, les aider à dialoguer avec d'autres esprits.

Pour la petite histoire, sachez qu'il existe aussi de curieuses manifestations de fantômes… animaux. Des chiens, des chats, et même des singes sont allés se blottir dans les bras des participants pour ensuite s'évanouir comme par magie. Par ailleurs, on a démontré que les animaux sont capables de capter la présence de fantômes dans une pièce.

« Des faits, des faits, des faits ! Racontez-nous des faits ! », martelez-vous mentalement. Soit ! Racontons ! Nous n'avons que l'embarras du choix.

Nous avons lu toutes les histoires de médiums et de fantômes. La plus stupéfiante et la plus célèbre d'entre elles remonte aux années 40. Une jeune institutrice londonienne, simple et gaie de tempérament, avait toujours ri des phénomènes paranormaux, qu'elle considérait comme des idioties. Jusqu'à ce jour de l'année 1946 où un de ses amis, le docteur Frederic H. Wood, passionné de parapsychologie, lui demanda de se soumettre à un test d'écriture médiumnique.

« Pourquoi moi ? Tu sais bien que je ne crois pas à ces absurdités ! dit-elle en riant.

— Justement, parce que tu n'y crois pas, répondit son ami sans se démonter. J'ai besoin d'un sujet sceptique, avec lequel on évite le risque de l'autosuggestion. »

La jeune femme accepta de se prêter à cette étrange expérience. Contre toute attente, il résulta de la première séance qu'elle possédait elle-même des dons médiumniques exceptionnels. La jeune institutrice fut, du coup, mise en observation par un groupe de chercheurs spécialisés dans les phénomènes paranormaux. Abasourdie et angoissée, terriblement honteuse de ce qui venait de lui arriver, elle acquiesça, mais à la condition que son identité ne soit jamais révélée en dehors du cercle des chercheurs. Elle se trouva donc un pseudonyme : Rosemary.

Au bout de deux années d'« entraînement » avec un esprit-guide qui se faisait appeler Muriel, une période de grande satisfaction commença pour Rosemary et ceux qui l'accompagnaient dans ces découvertes. En effet, Muriel disparut du jour au lendemain, laissant sa place à l'un des esprits les plus célèbres de toute l'histoire de la parapsychologie moderne : Lady Nona, ayant vécu trente-trois siècles plus tôt, jeune épouse d'un pharaon, sous le nom de Telika Ventiu ! Pendant plus de cinq ans, Lady Nona, à travers Rosemary, parla égyptien, traça des hiéroglyphes en expliquant par gestes le sens de certains mots, et parvint même à corriger la prononciation des personnes présentes. Ses affirmations furent vérifiées par d'illustres égyptologues du British Museum de Londres, qui certifièrent que Lady Nona parlait et écrivait la langue égyptienne du Moyen Empire (2400-1536 av. J.-C.). Lors de ses interventions, Lady Nona a fourni de précieuses informations sur la langue égyptienne, mais aussi sur la religion, les temples, les rites et les nombreux aspects de la vie quotidienne de cette civilisation antique. La transcription dactylographiée de toutes les séances a rempli plus de trente volumes. En 1956, l'ensemble des messages écrits en égyptien (et leur transcription phonétique anglaise selon Lady Nona) a été publié dans un ouvrage intitulé *This Egyptian Miracle*, réalisé par le docteur Wood et le professeur A. J. Howard Hulme, égyptologue émérite.

Au fait, à quoi Lady Nona ressemblait-elle ? Quelle était sa vie quotidienne ? Le docteur Wood l'a découvert en conduisant Rosemary chez une célèbre médium de Londres, Miss Noemie Bacon. Le docteur s'était abstenu de lui révéler leur identité et le sujet auquel ils consacraient leurs recherches. Après être entrée en contact avec son propre esprit-guide, Miss Bacon déclara qu'elle voyait « une magnifique Égyptienne ayant atteint la perfection, mais désireuse d'être le guide de la demoiselle ici présente ». Puis, s'adressant à elle, la médium poursuivit : « Lorsque tu vivais sur la terre, tu faisais partie de sa maison et de sa terre, tu portais un voile, tu chantais et des bracelets, symboles de la danse, décoraient tes poignets et tes chevilles. »

Autre cas exceptionnel, celui d'Esther Travers Smith, dont les expériences paranormales ont fait la joie des chercheurs, comme le révèlent les deux exemples qui suivent.

La scène se déroule le soir du 14 avril 1912. Au cours d'une séance de spiritisme, Esther tressaille brusquement et se met à hurler. Ses paroles terribles glacent le sang des participants : « Le *Titanic*... coule... des marins meurent... William East est tombé à la mer... des femmes et des enfants crient et sanglotent... douleur, douleur, douleur... » Après un moment d'effroi, tout le monde secoue la tête, sceptique. Le *Titanic* ? Impossible ! Absurde ! Pure imagination ! On a tellement parlé, ces derniers jours, de ce paquebot insubmersible, le plus grand navire jamais construit ! D'ailleurs, n'a-t-il pas levé l'ancre, aujourd'hui même, pour les États-Unis ?

Quelques heures plus tard, le monde entier apprend l'épouvantable tragédie : le *Titanic* a coulé cette nuit, après être entré en collision avec un iceberg, entraînant dans les eaux glacées de la mort près de 1 500 personnes. Parmi lesquelles, on le découvrira sur la liste des victimes, le célèbre journaliste américain William Stead, le « William East » du message à n'en pas douter.

Une autre fois, Esther est invitée à une soirée où presque personne ne la connaît. Lors de la séance de spiritisme, l'un des trois esprits-guides qui l'assistent se met spontanément à raconter l'histoire du château que l'un des invités vient d'acquérir (Esther ne connaît pas cette personne). Toute l'assemblée écoute attentivement le récit singulier, complexe et romanesque, jusqu'au moment où la médium demande gentiment au nouveau propriétaire du château si l'histoire l'intéresse. « Vous n'imaginez pas à quel point ! répond-il. Il se trouve que je suis en train d'écrire une pièce de théâtre dont la trame est absolument identique à ce que vous venez de raconter ! »

Vous aimeriez bien entendre d'autres anecdotes comme celles-là, n'est-ce pas ? Nous aussi, mais Sophie Amnésie nous fait signe que l'heure tourne. Et pour nous aussi, les lutins, le temps est un tyran. Aussi laissons-nous nos amis les fantômes pour nous intéresser, à présent, aux confrères de l'odieux Peeves, les esprits frappeurs, ou *Poltergeists.*

SI VOUS LE RENCONTREZ, ATTENTION : *POLTERGEIST* RIME AVEC DESTRUCTION !

Poltergeist signifie littéralement « esprit frappeur » (de l'allemand *poltern* : faire du tapage, et *Geist* : esprit). Et du tapage, les *Poltergeists* sont capables d'en faire vraiment beaucoup ! Esprits dérangeants au plus haut point, ils peuvent se révéler de véritables fléaux. On dit qu'il n'est pas facile de les voir, mais ne pas se rendre compte de leur présence est impossible !

L'épisode le plus terrifiant d'invasion de *Poltergeists* est sans aucun doute celui qui s'est déroulé, dans les années 30, à Borley Rectory, au cœur de la campagne anglaise la plus tranquille. L'histoire de cet édifice, également défini comme « la maison la plus infestée d'Angleterre », est si célèbre que nous pensons que JKR s'en est inspirée pour écrire quelques-uns des épisodes de ses romans. Un fantôme sans tête, des inscriptions effroyables sur les murs, des incendies parfois annoncés par une voix railleuse (« Je vais mettre le feu dans l'entrée ! »), pour ne citer que quelques exemples. Voici un résumé de cette affreuse histoire – nous espérons qu'elle ne vous effraiera pas trop…

Le Borley Rectory est un édifice de trente-cinq pièces construit en 1863 par le vicaire du lieu, le révérend Bull. C'était à la fois un lieu de culte et l'habitation du révérend et de sa famille. Autour de la maison se trouve une forêt que traverse un ruisseau se jetant dans un petit lac et une route menant à l'église et au cimetière. Entre la route et la maison s'étend un pré. Bel endroit, n'est-ce pas ? Eh bien ! non, justement pas…

La famille Bull habite le Borley Rectory pendant près de soixante-dix années, avant de le céder au révérend Foyster. On se garde bien de lui parler des phénomènes étranges qui lui tiendront compagnie : il s'en apercevra bien assez tôt…

En effet, le nouvel occupant de la maison ne tarde pas à voir apparaître, à heure régulière, une petite fille, un homme sans tête, des chevaux, des carrosses en mouvement et une espèce d'insecte impossible à identifier. Comme si cela ne suffisait pas, la maison s'emplit jour et nuit des bruits les plus divers : une femme implorante, des pleurs, des sanglots et des plaintes, des galops, le fracas de roues et le tintement de chevaux harnachés, sans compter les claquements de portes qui s'ouvrent et se ferment toutes seules, le carillon de l'entrée, les pas, des plus lourds aux plus légers… À cela s'ajoutent, dans des pièces fermées depuis plusieurs jours, de mystérieuses prières, des inscriptions sur les murs, des exhortations à dire des messes… Sans parler des nombreuses apparitions : le pauvre révérend et les siens passent leur temps à esquiver des objets projetés avec force ! Un jour, ils remarquent avec terreur que les clés de toutes les portes de la maison sont tombées en même temps ! Enfin, les incendies se déclenchent fréquemment, parfois dans plusieurs pièces à la fois, ou bien l'on ne voit que de la fumée, mais cela suffit à provoquer leur panique. Bref, un véritable enfer.

L'affaire s'ébruite. Des médecins, des physiciens, des journalistes, des exorcistes, des chercheurs en parapsychologie, ainsi que de nombreux curieux, accourent à Borley Rectory. Les autorités religieuses s'empressent de déplacer le siège du vicariat : impossible de prier et se recueillir dans un tel endroit ! Ainsi, le vénérable lieu de culte devient la Mecque de l'observation scientifique. Mais les phénomènes se répètent avec une intensité et une violence telles que les observateurs eux-mêmes sont contraints de lever le camp. En 1930, les Foyster déclarent forfait et vendent la maison.

C'est sans compter, cependant, sur la perspicacité d'un célèbre chercheur en parapsychologie qui semble avoir enfin percé le mystère de Borley Rectory. Il s'agit d'un certain Harry P… rice (vous y avez cru, n'est-ce pas ?). En enquêtant dans la région, ce Harry Price apprend qu'à l'endroit où le révérend Bull fit construire le rectorat, se dressait un ancien monastère, objet d'une lugubre légende populaire. Une nonne vivant dans le monastère et un jeune cocher étaient tombés amoureux l'un de l'autre. Après s'être rencontrés quelquefois, grâce à la complicité d'un moine, ils décidèrent de fuir ensemble. À la nuit tombée, le moine les installa dans un carrosse et fit partir les chevaux au galop. Mais quelqu'un donna l'alerte et la voiture fut arrêtée. Après un procès sommaire, le moine et le cocher furent exécutés, tandis que la jeune religieuse se retrouvait murée dans une cellule souterraine…

Par ailleurs, des habitants du lieu révèlent à Harry Price que, pendant des années, de nombreux témoins ont aperçu, au crépuscule, une nonne marcher, tête baissée, sur le chemin menant du rectorat à l'orée du bois – chemin que certains ont même baptisé « le sentier de la nonne »…

Harry Price envisage de recourir au spiritisme. Voilà que réapparaissent, au cours des séances, le bruit du carrosse lancé au galop et l'image de la nonne elle-même, dont on retrouve, avec l'aide d'un médium, le nom : Maria Lairre.

À ce stade, Harry Price et ses collaborateurs décident d'engager des fouilles. Ils tombent tout d'abord sur une crypte dont on ignorait l'existence, avant de découvrir, sous les caves du vicariat, un os pariétal (c'est-à-dire du crâne) et une mandibule encore pourvue de cinq dents. L'examen nécrologique révèle que ces restes appartiennent à un être humain de sexe féminin âgé de moins de trente ans. Des objets récupérés lors des fouilles aux abords immédiats de cet endroit constituent des preuves qu'une nonne y a bien été enterrée.

La dépouille de la malheureuse Maria Lairre une fois exhumée et convenablement enterrée, le calme revient enfin à Borley Rectory. Le nouveau propriétaire des lieux y vit dans une paix relative pendant neuf ans, jusqu'à ce qu'en 1939 un incendie d'origine mystérieuse dévaste le rectorat…

Respirez, c'en est fini de cette affreuse histoire. Celle que nous allons vous raconter à présent est plus relaxante. Enfin, si l'on peut dire…

Voici le cas d'une créature assez similaire au fameux Peeves de Poudlard. Il s'agit d'un prieur français qui, en 1955, après sa mort, est revenu hanter la maison de campagne dans laquelle il avait vécu. Non seulement la vieille dame qui avait acheté l'endroit vit, à plusieurs reprises, le religieux dans différentes pièces de la maison, mais ses proches l'aperçurent aussi et réussirent même à le photographier.

Le prieur ne semblait pas animé de mauvaises intentions. Aussi l'on convoqua Robert Toucquet, membre du comité directeur de l'Institut international de métapsychologie de Paris. Le spécialiste engagea une série de conversations fort intéressantes avec le prieur. Au bout de deux ans de ces rencontres paisibles, Toucquet proposa à la propriétaire de la maison de toucher le prieur. Ce qu'elle fit : elle déclara avoir eu l'impression d'enfoncer sa main dans une masse gélatineuse ! Mais cette enivrante expérience ne dura que quelques secondes, car aussitôt elle se mit à hurler : lorsqu'elle retira sa main, elle était entièrement brûlée. Deux mois de soins furent nécessaires à sa guérison.

Et le Pitiponk que le professeur Lupin montre à Harry et qui n'a qu'une jambe ? Figurez-vous que le très sérieux journal *Times* a mentionné, dans ses pages des 16 février et 6 mars 1855, l'apparition d'une créature mystérieuse ayant parcouru, dans la nuit du 8 février, près de cent miles en marchant, ou plutôt en sautant dans la campagne anglaise. Il avait laissé derrière lui une empreinte très nette dans la neige, dont on a pu faire un moulage. Il s'agissait d'une unique marque en forme de sabot de cheval se répétant régulièrement tous les 21,6 centimètres. Des centaines de témoins disséminés le long du parcours suivi par la créature en question ont confirmé qu'elle ne laissait qu'une empreinte. Mais le plus ahurissant reste le fait que le parcours suivait un itinéraire précis, en ligne droite, et qu'à chaque fois qu'une maison se trouvait sur son chemin, la créature sautait par-dessus, laissant son empreinte sur le toit. Elle faisait de même dès qu'elle rencontrait un mur ou une clôture...

Les *Poltergeists* font donc partie du répertoire classique des films d'horreur. Les phénomènes les plus couramment relevés par les spécialistes sont les suivants : vitres, céramiques et porcelaines qui explosent ou se brisent, portes et fenêtres qui claquent, armoires, tables et chaises qui se déplacent, tiroirs qui s'ouvrent et se vident par terre, sonnettes qui se déclenchent toutes seules, couvertures brusquement arrachées des lits, pierres lancées d'un bout à l'autre d'une pièce, parfois brûlantes lorsqu'on les ramasse...

Les études sur les *Poltergeists* abondent. Le professeur italien Ernesto Bozzano, l'un des représentants les plus importants de la recherche mondiale sur le spiritisme scientifique au XXe siècle, a cité, dans une étude intitulée *Apparitions et Télékinésie*, pas moins de 532 phénomènes inexplicables, parmi lesquels 158 qu'il attribue à des *Poltergeists* : 46 jets de pierre, 39 sonneries de carillon, 7 incendies spontanés, 7 cas de voix humaines donnant des ordres ou des conseils et 39 manifestations variées de mouvements, lancers ou déplacements d'objets dans une pièce.

Outre-Atlantique, aux États-Unis, l'infestation par des *Poltergeists* de l'habitation de Mr et Mrs Herrmann de Seaford, à Long Island, a fait grand bruit en 1958. Deux professeurs de l'université Duke, Gaither Pratt et W. R. Roll, ont confirmé l'authenticité de soixante-sept phénomènes observés, tels que déplacements, bris d'objets et bruits étranges, qu'ils ont catalogués dans le *Journal of Parapsychology* du mois de juin 1958.

C'est ainsi, chers lecteurs, que notre fantastichapitre s'achève. Peut-être ne croyez-vous toujours pas aux fantômes. Je trouve pourtant que vous avez une drôle de mine… un teint quelque peu… cadavéreux ?

FANTASTICHAPITRE CINQUIÈME

Es-tu Moldu ? sorcier ? un peu les deux ? Pour le savoir, fais ce test mystérieux...

(Calcule tes dispositions à la magie)

☛ *Magiguide : Armande Demande.*

Bienvenue à tous ! Comme vous le constatez, je suis seule. Après avoir corrigé vos Mots magicroisés et créé avec moi le test qui va suivre, mon *alter ego* Anne Agramme a dû se rendre aux entraînements en vue du Championnat universel de devinettes magiques (CUDM). Elle concourt dans la spécialité « Énigmes du Sphinx » et cela fait déjà soixante-dix-neuf années qu'elle remporte l'épreuve, depuis sa première participation !

Quant à moi, je me présente : Armande Demande, la Magiguide la plus précise que vous rencontrerez au cours de votre Magitour. Avec l'habituelle légèreté qui distingue les êtres brouillons, Edwige Prodige et Louise Surprise me traitent de « rabat-joie tatillonne ». Pourquoi ? Parce que je pose des questions, émets des requêtes et mène des interrogatoires. J'aime savoir, alors j'étudie, j'enquête. Et j'exige toujours des réponses précises... qui ne viennent jamais ou presque, mais c'est une autre histoire...

Dans le monde des humains, je provoque des accès de doute, des incertitudes angoissantes, parfois avec des intentions louables, parfois dans le seul dessein de m'amuser. Vous voulez des exemples de doutes provoqués avec de bonnes intentions ? Pensez au classique : « Ai-je bien fermé la porte de la maison ? » qui vous assaille alors que vous êtes déjà parti. Vous revenez sur vos pas et découvrez qu'effectivement vous ne l'aviez pas fermée. Ou alors : « Est-ce que les cheveux frisés et blonds me vont vraiment bien ? », au moment où le coiffeur s'apprête à vous transformer en version vivante de la Toison d'or[1].

Voici quelques exemples de doutes que je glisse dans l'esprit d'autrui, juste pour m'amuser. Ainsi, le fameux : « Ai-je bien fermé la porte ? » Imaginez que ce doute se mette à vous trotter dans la tête alors que vous êtes en train d'attendre le bus : vous retournez chez

---

1. *Toison d'or :* fourrure d'une variété australienne de brebis dorée *(Ovis aurea)* qui fut importée, il y a des milliers d'années, dans les plaines grecques, la Grèce étant notoirement propice à l'élevage ovin. Au contact avec le marbre des monuments grecs, la fourrure dorée des brebis prit la couleur blanche de leurs cousines d'Europe. Une seule bête échappa à la mutation en s'échappant du troupeau lors du débarquement à Patras. Après une longue errance dans la campagne, elle se retrouva en Asie Mineure, où elle fut capturée et tuée par un marchand qui fit sécher sa précieuse fourrure, suspendue à un arbre, avant de la vendre. Cependant, grâce à ses dons de voyante, une magicienne du nom de Médée avait décelé, dans l'avenir de cet homme, la présence d'une brebis clonée prénommée Dolly. Elle se mit alors en tête de faire fortune en reproduisant par magie la brebis dorée. Ainsi envoya-t-elle à la recherche de la brebis disparue une équipe de navigateurs appelés les Argonautes, guidés par son amoureux, le skipper Jason. Les Argonautes trouvèrent la toison d'or et tuèrent le marchand avant de revenir auprès de Médée. Mais il était bien plus compliqué d'opérer la magie sur une peau de bête morte que sur un animal vivant. Les divers enchantements échouèrent et, lorsque le dernier poil de la toison d'or fut utilisé sans succès, Jason quitta Médée, furieux. Médée, devenue folle, devint tueuse en série. L'affaire a, depuis, inspiré de nombreuses tragédies. (Source : *Encyclopédie fantastique de Magiculture universelle,* Tue-Mouche Éditions, Pays des Clochettes, 1997, tome XXIII, p. 458.)

vous en courant, vous montez les escaliers quatre à quatre et vérifiez que la porte est en effet... bel et bien fermée ! Entre-temps, le bus est passé et vous arriverez en retard à votre rendez-vous ! De mieux en mieux : vous vous rendez chez vos futurs beaux-parents pour la première fois, vous demandant, anxieux, si vous êtes bien habillé, bien coiffé, et si vous leur plairez. Chemin faisant, vous vous arrêtez pour rajuster vos vêtements... précisément sous l'arbre dans lequel sont perchés tous les pigeons du quartier ! Bref, je m'amuse...

Mais revenons au Magitour. Il nous a semblé intéressant, dans les quatre premiers chapitres de ce livre, de vous soumettre à de petits questionnaires pour vérifier vos connaissances sur l'univers de Harry Potter. Mais nous voudrions aussi vous aider à découvrir si vous possédez des qualités de sorcier, si vous êtes au contraire un Moldu pur et dur, ou encore si vous vous situez à mi-chemin entre les deux.

Pour ce faire, nous vous proposons un test psychologique. Anne et moi l'avons préparé avec le soutien de Baptiste Analyste, le seul lutin au monde qui soit diplômé en psychanalyse humaine (il a longtemps vécu caché dans la poche de gilet de Freud, à côté de sa montre à gousset).

Lisez attentivement les questions suivantes et répondez spontanément, sans trop réfléchir, en cochant les propositions qui vous semblent vous correspondre le mieux. À la fin du test, comptez vos points selon les indications et découvrez à quelle catégorie d'humains vous appartenez.

Nota bene : Les doubles réponses, séparées par une barre oblique (/), sont destinées à gauche aux garçons, à droite aux filles.

MAGITEST :
ES-TU UN VRAI MOLDU ?

(résultats p. 193)

1. *Tu es en voiture. Un chat noir traverse la route. Que fais-tu ?*

a) Tu changes de route car tu es superstitieux
b) Tu écrases le chat
c) Tu t'arrêtes et prends le chat dans tes bras

2. *Tu dois offrir un cadeau à un ami. Pour l'emballer, tu n'as qu'une feuille de papier et celle-ci se déchire, au dernier moment. Que fais-tu ?*

a) Tu dis à ton ami que tu as oublié son cadeau et tu te confonds en excuses
b) Tu lui offres sans papier cadeau
c) Tu improvises un « paquet cadeau spatial » avec du papier d'aluminium

3. *Un professeur te terrorise. Comment réagis-tu ?*

a) Tu supplies tes parents de te changer d'école
b) Tu redoubles d'efforts dans la matière qu'il enseigne
c) Chaque fois qu'il entre dans la classe, tu l'imagines habillé en Hawaïenne en train de danser le hula

4. *Qu'est-ce qu'un lutin ?*

a) Un pupitre
b) Un petit violon
c) Une créature magique magnifique et sans équivalent

5. *Pour faire dormir quelqu'un, tu préfères :*

a) Lui donner un somnifère
b) Lui lire un conte de fées
c) Le regarder dans les yeux en disant : « Dors, dors… »

6. *Le livre à acheter toutes affaires cessantes :*

a) *Comment devenir beau*
b) *Comment devenir riche*
c) *Comment devenir intelligent*

7. *Tu penses à une personne. Le téléphone sonne, c'est elle. Cette expérience t'arrive :*

a) Rarement
b) Parfois
c) Souvent

8. *À première vue, tu es capable de dire d'une personne qu'elle appartient à Gryffondor ou à Serpentard. Plus tard, les faits confirment ta première impression. Cela se produit :*

a) Rarement
b) Parfois
c) Toujours

9. *Tu souhaites qu'une chose se produise, tu le désires ardemment, tu ferais n'importe quoi pour que cette chose arrive, et… elle arrive. Cela se produit :*

a) Rarement
b) Parfois
c) Souvent

10. *Qui rêverais-tu d'avoir pour professeur particulier de mathématiques ?*

a) Bill Gates
b) Jennifer Lopez
c) Albus Dumbledore

11. *À quoi te fait penser le mot « sort » ?*

a) Au mot « entre »
b) Au destin
c) À un acte de magie

12. *Qui voudrais-tu avoir pour animateur de colonie de vacances ?*

a) Sylvester Stallone
b) Lara Croft
c) Hagrid

13. *Tu es invité à une séance de spiritisme. Comment réagis-tu ?*

a) N'importe quoi ! Les fantômes n'existent pas !
b) J'irais bien, mais j'ai peur !
c) Super ! J'arrive tout de suite !

14. *Il pleut et tu t'ennuies. Que fais-tu ?*

a) Tu dis : « Qu'est-ce qu'on s'ennuie ici ! » et tu t'en vas
b) Vautré sur le canapé, tu rêves de manger une pizza
c) Tu proposes à tes amis d'aller manger une pizza dehors

15. *À quoi te fait penser le mot « anathème » ?*

a) À un nouveau type de devoir scolaire
b) À une fleur exotique
c) À une malédiction

16. *Une nuit, tu entends des bruits bizarres provenant du grenier. Que penses-tu ?*

a) Au voleur ! Appelez la police !
b) Ah, ces souris ! Il faudrait adopter un chat...
c) Des fantômes ! Vite, mon appareil photo et mon bloc-notes !

17. *Tu te regardes dans le Miroir du Riséd. Qui vois-tu ?*

a) Gustavo Querten/Venus Williams
b) Brad Pitt/Julia Roberts
c) Harry/Hermione

18. *Dans quel animal te reconnais-tu ?*

a) L'hippopotame
b) L'hippocampe
c) L'hippogriffe

19. *À quoi associes-tu le mot « balai » ?*

a) À un sol poussiéreux
b) À la queue d'un chien
c) Au ciel

20. *Qu'évoque, pour toi, le mot « dragon » ?*

a) Un soldat de cavalerie
b) Une femme acariâtre
c) Un animal magique

RÉSULTATS

Mode de calcul : comptez 0 point pour chaque réponse a), *1 point pour chaque réponse* b), *5 points pour chaque réponse* c).

ENTRE 0 ET 30 POINTS :

➢ Aucun doute : Moldu tu es, Moldu tu resteras, même si tout Poudlard débarquait chez toi sans prévenir le soir de Halloween. La seule sorcellerie que tu connaisses est celle des spots publicitaires pour lessives, dans lesquels les taches disparaissent « comme par magie ». Quelle tragédie !

ENTRE 31 ET 70 POINTS :

➢ Tu ne t'en es peut-être jamais aperçu, mais quelque chose en toi est attiré par l'univers de la magie et du mystère... À toi de choisir maintenant : as-tu envie de développer ce penchant et de progresser dans cette voie ou préfères-tu faire comme si de rien n'était et continuer à mener moldument ta vie de Moldu ?

ENTRE 71 ET 100 POINTS :

➢ Es-tu bien sûr qu'aucune chouette n'est jamais venue chez toi, une enveloppe écrite à l'encre verte dans le bec, pour ton onzième anniversaire ? Vérifie. Et si tu n'as pas encore onze ans, attends encore un peu ! Au cas où rien ne se produirait (ou, pour les plus âgés, si rien ne s'est encore produit), dépêche-toi de trouver un bon professeur de sorcellerie, car, nom d'un petit lutin, c'est sûr, tu as un don pour la magie et, qui sait, peut-être aussi pour attraper un Vif d'or…

FANTASTICHAPITRE SIXIÈME

À la découverte des jeux anciens, Passe-temps des sorciers et magiciens

(Connaître les jeux des temps passés)

☛ *Magiguides : Camille Quille (évidemment !) et Jean-Marie Euphorie marquent les points.*

Approchez, chers lecteurs, approchez ! Nous voulons ouvrir pour vous le pavillon des jeux de magie et vous faire découvrir une chose jamais révélée dans les aventures de Harry Potter : que font donc les élèves pendant leur temps libre à Poudlard ? Avez-vous noté que les sports modernes, la télévision, l'ordinateur et les jeux électroniques y sont inconnus ? Pardi, ce sont des activités de Moldus ! Ainsi, à part le Quidditch, qui n'est joué que par les équipes « officielles » du collège, la Bataille explosive, les échecs et les pétards du Dr Flibuste qui explosent dans les dortoirs, parmi tant d'autres activités, il semble tout de même que l'on travaille beaucoup dans cette école de sorciers ! Est-ce possible ? Mais non, bien sûr que non !

De quelle manière les futurs sorciers et sorcières s'amusent-ils donc en dehors des cours ? Pour le comprendre, il faut pénétrer l'atmosphère un peu désuète qui règne à Poudlard. Là-bas, le temps semble s'être arrêté, on écrit à l'encre sur des parchemins en trempant sa plume d'oie dans un encrier... mais à quoi joue-t-on ? Réfléchissez... Oui, c'est cela ! On y joue aux jeux d'autrefois, ceux auxquels jouèrent également Albus

Dumbledore, Minerva McGonagall et tous les professeurs du collège lorsqu'ils étaient plus jeunes…

Les jeux d'autrefois ? Hum, je vois que vous plissez le nez et que vous faites la moue… Vous pensez sans doute qu'il s'agit de vieux passe-temps stupides, ennuyeux et dépassés. Vous vous trompez, je vous assure ! Oubliez seulement vos claviers et vos écrans pendant quelques minutes… Voilà, c'est bien ! Et maintenant, venez avec nous vous promener sur les chemins de l'imagination. Regardez comme la campagne est belle ! Même les lucioles sont là pour l'éclairage nocturne. (Comment, vous ne connaissez pas les lucioles ? Ce n'est pas étonnant, si vous êtes citadins, mais vos parents, et surtout vos grands-parents, eux, savent ce que c'est. Demandez-leur qu'ils vous racontent comme il faisait bon jouer dehors, les soirs d'été, quand les lucioles brillaient comme autant de petites étoiles suspendues dans le noir… Et quelle joie, lorsqu'on arrivait à en attraper une et que, avant de la relâcher, on pouvait voir de près le petit point lumineux sur le bout de sa queue !)

Bref. Nous avons donc choisi de vous présenter des jeux. La sélection a été difficile, il y en avait des dizaines et des dizaines ! On aurait carrément pu organiser un Magicircuit de jeux, mais nous n'avions pas le temps. Aussi avons-nous laissé de côté ceux que vous avez certainement appris lorsque vous étiez à l'école élémentaire, comme les jeux de ballon, le furet, le fermier dans son pré, 1, 2, 3, soleil ! et tous ces jeux que l'on peut faire avec un crayon et un papier (comme la bataille navale).

Les jeux que nous vous présentons sont simples et ne nécessitent presque aucun équipement (nous l'indiquons, le cas échéant, *en italique*). Essayez-les. Dans certains cas, vous verrez que vous devrez vous montrer plus habiles que pour viser des cibles virtuelles sur un écran ! Ah, ils étaient en forme, ces grands-parents ! Remarquez, s'ils sont aussi chouettes et sympathiques à soixante-dix-sept ans, ils ne pouvaient pas ne pas l'être à sept !

LA BRIQUE

• *Une brique, des pièces de monnaie ou des jetons, une pierre plate assez lourde.*

Disposez toutes les pièces sur la brique. Les joueurs, placés à la même distance, doivent lancer le caillou à tour de rôle sur la base de la brique pour faire tomber le plus de pièces ou de jetons possible. Le gagnant est celui qui en a fait tomber le plus.

LE BÂTON

• *Version pour 2 joueurs (ce jeu est plus drôle en équipe, mais plus dangereux pour les participants). Le terrain de jeu doit être très grand, un champ ou un stade vide, par exemple. Il vous faut deux bâtons de 50-60 cm (coupés dans un manche à balai, par exemple) et un de 10 cm, taillé en pointe à chaque extrémité.*

Il existe plusieurs versions de ce jeu, mais le principe est toujours le même : il consiste à frapper, en deux temps, le petit morceau de bois posé par terre : une fois sur l'une des extrémités pour le faire bondir en l'air, une autre fois lorsqu'il est en l'air, pour l'envoyer le plus loin possible.

Variantes :

a) Tracez une piste avec une ligne d'arrivée. Le gagnant est celui dont le bâton franchit la ligne en premier. Le bâton ne doit jamais retomber en dehors de la piste. Si un joueur envoie son bâton en dehors, son adversaire a le droit de le lancer à son tour après l'avoir replacé à la même hauteur sur la piste.

b) *Variante « des trois cercles »* (très proche du base-ball) : tracez trois cercles de 10 mètres de diamètre, à 30 mètres de distance les uns des autres. Le lanceur doit envoyer le bâton au centre du premier cercle, où se trouve son adversaire qui doit, au vol, le lui réexpédier. Si l'adversaire réussit à le lui renvoyer au point de départ, il gagne et devient lanceur à son tour. Dans le cas contraire, le lanceur tire en direction du deuxième cercle, et ainsi de suite jusqu'à ce qu'un des deux joueurs arrive au troisième cercle.

c) *Variante « au chapeau » :* lorsque le lanceur tire, son adversaire, placé à quelques mètres de lui, essaie de rattraper le bâton au vol à l'aide d'un chapeau. (S'il le rattrape avec la tête, le jeu est fini et on appelle une ambulance. Soyez prudents…)

d) Organisez un concours de lancer avec une cible.

Nota bene : Si vous souhaitez voir des champions pratiquer ce jeu, sachez qu'il existe, en Italie, un championnat appelé le Pallio della Lippa, organisé chaque année à Mede Lomellina, dans la province de Pavie.

COURSE À L'ŒUF

• *Autant de cuillères et d'œufs qu'il y a de participants.*

Il s'agit d'une course de vitesse et d'équilibre. Chaque participant met l'œuf (dur, de préférence...) dans la cuillère et doit parcourir une distance donnée en tenant la cuillère par le manche, sans jamais toucher l'œuf (sinon, il est disqualifié). Le gagnant est celui qui franchit le premier la ligne d'arrivée... avec son œuf.

Variante : tenir le manche de la cuillère entre les dents.

FARINE ET PIÈCE

• *Une longue table, sur laquelle sont alignées des assiettes pleines de farine (une par participant), dans lesquelles on a caché une pièce de monnaie.*

Les participants doivent, le plus vite possible, récupérer la pièce avec la bouche. Le gagnant est celui qui sort la pièce sans la toucher avec les mains. Il est vivement conseillé aux spectateurs de prendre des photos pendant la partie !

LES OSSELETS

• *Cinq osselets ou, à défaut, cinq petits cailloux.*

C'est un jeu d'adresse, dont la difficulté va croissant et auquel les participants doivent jouer à tour de rôle. Alignez les osselets ou les cailloux par terre et gardez-en un dans la main. Le jeu consiste à lancer le caillou en l'air et à récupérer, avec la même main, un des cailloux par terre avant de rattraper le premier caillou lancé (lequel ne doit *jamais* tomber par terre). Ensuite, on doit lancer le caillou et en ramasser deux, puis trois, jusqu'à ce qu'on ait réussi à ramasser les quatre cailloux. Le gagnant est celui qui y parvient le plus rapidement possible. On peut se lancer de multiples autres défis.

LES BILLES

Qui n'a jamais joué aux billes ? On peut organiser un parcours sur lequel les participants font la course en poussant leur bille avec les doigts.

Une variante, que nous appellerons « golfique ». Dessinez un carré sur le terrain. Creusez cinq trous, quatre à chaque angle (un point) et un au milieu du carré (trois points). Le but du jeu est d'envoyer la bille dans un trou, d'une distance plus ou moins grande et en un nombre de coups variable selon les parties.

LE SERPENTIN

Ce jeu est déconseillé à ceux qui ont peur de tomber et de se faire mal.

Les participants se donnent la main comme pour une farandole. Le premier de la farandole commence à courir *le plus vite possible* en suivant un parcours sinueux, en tournant à droite, à gauche, en faisant demi-tour… Les derniers de la farandole risquent évidemment de se retrouver par terre, mais ils peuvent, pour se consoler, devenir guides de la farandole au tour suivant...

L'ASTRAGALE

• *5 noyaux de fruits (prune, abricot ou pêche) ou des petits cailloux ronds, peints sur une face comme suit : un en rouge, les autres aux couleurs de votre choix.*

Ce jeu était très populaire dans la Grèce antique. Debout, les participants doivent lancer, à tour de rôle, les cinq noyaux en l'air. Lorsqu'ils sont retombés, on compte les points selon la couleur de la face visible du noyau : 5 points si c'est la face rouge, 2 points si elle est d'une autre couleur, 0 point si elle n'est pas colorée. On peut organiser plusieurs manches dans chaque partie. Le gagnant est celui qui totalise le plus grand nombre de points.

LA MOURRE

Deux participants doivent, *ensemble*, tendre le bras droit en montrant à l'autre autant de doigts qu'il souhaite, ou aucun en gardant le poing fermé, tout en criant un nombre compris entre 0 et 10. Le gagnant d'une partie est celui qui crie le nombre correspondant au nombre de doigts tendus par les deux joueurs.

Il faut, au départ, définir combien de parties on va jouer. On totalise les points gagnés à chaque partie. Si personne ne devine ou si les participants devinent tous les deux, on recommence la partie.

Voilà. Nous sommes, à présent, obligés de vous laisser. Mais Edwige Prodige et Louise Surprise vous attendent dans un autre pavillon, celui des tours de magie ! Bonne continuation et... méfiez-vous des apparences !

FANTASTICHAPITRE SEPTIÈME

Pour émerveiller vos amis, Apprenez des tours de magie

(Prenez des magicours de prestidigitation…)

☛ *Magiguides : Edwige Prodige et Louise Surprise (personne ne saura vous étonner comme elles !).*

Rebonjour à tous ! Nom d'un petit lutin ! On s'amuse comme des fous, avec vous ! Nous sommes si contents de vous retrouver que nous vous avons préparé un super-cadeau dont vous vous souviendrez pendant longtemps : un vrai, un authentique minimagicours qui fera de vous de vrais, d'authentiques illusionnistes !

Grâce aux trucs que vous allez apprendre, vous épaterez vos parents ou vos enfants, vos professeurs et le facteur, le libraire et la boulangère, le banquier et les pompiers, le pharmacien et le mécanicien, le chauffagiste et le garagiste, le coiffeur et le marchand de fleurs ! Bref, vous allez épater tout lc mondc !

Comment nous est venue cette idée ? Quelle histoire ! L'autre soir, nous étions en train de nous balancer sur une fleur de lotus (grands, souples, magnifiques pétales rose pâle, moelleux comme un coussin de plumes, la plus belle magibalançoire que Mère Nature ait jamais créée après les saules pleureurs !), lorsque nous avons aperçu un lapin blanc qui se promenait nez à terre comme un chien truffier.

« Eh ! Quelque chose ne va pas ? », a demandé Edwige. À quoi le lapin a répondu, l'air triste : « Je suis myope ! Et j'ai perdu mon chapeau ! » Et nous, en chœur : « Comment peux-tu être myope avec toutes les carottes que tu manges ? Les carottes, c'est bon pour la vue ! — Mais moi, je ne mange que des gratins de laitue et des soufflés au cresson. Je vais vous expliquer. » Curieuses, Louise et moi sommes descendues pour lui venir en aide.

« Et pourquoi ne manges-tu pas autre chose ?

— Parce que je suis un lapin de prestidigitateur ! Je vis dans un haut-de-forme, dans le noir du matin au soir. C'est pour cela que je ne vois rien !

— Un lapin de prestidigitateur ? Et de quel prestidigitateur ?

— Le très célèbre magicien argentin Besame Mucho ! »

Nous n'avions jamais entendu parler de lui auparavant, mais, pour ne pas froisser la sensibilité du pauvre rongeur, nous avons feint de le connaître :

« Nom d'un petit lutin ! Tu veux dire le grand Besame Mucho ? Ça alors ! Mais comment as-tu fait pour perdre ton haut-de-forme ?

— Ce soir, alors que nous donnions un spectacle en plein air, le vent s'est levé brusquement, au moment précis où je m'apprêtais à rentrer dans mon chapeau à la fin du tour de magie. Wouh ! Une rafale a fait voler le haut-de-forme, ainsi que les cartes magiques et les foulards en soie ! Nous avons dû nous répartir les tâches : Besame Mucho vient de partir à la recherche des cartes, son assistante Bonita Pepita doit s'occuper des foulards (lesquels, d'ailleurs, lui appartiennent) et moi, je suis chargé de retrouver mon chapeau. Mais je n'y vois rien ! Pourriez-vous m'aider ?

— Ne t'inquiète pas, nous allons récupérer toutes tes affaires ! »

Aussitôt dit, aussitôt fait. En moins de cinq minutes, nous avons parcouru la campagne et retrouvé, dans un rayon de 80 kilomètres, tout ce qui manquait, y compris Bonita Pepita qui s'était égarée ! Pour nous récompenser, le magicien Besame Mucho nous a offert un spectacle en exclusivité et nous a même révélé certains de ses secrets. Fantastique, n'est-ce pas ?

De retour à la maison, à notre tour, nous avons mis sur pied un petit spectacle qui a remporté un franc succès auprès de tous nos amis lutins. Alors, êtes-vous prêts, vous aussi, pour une leçon de prestidigitation ? Magerlipopette ! Écoutez plutôt...

CONGÉLATION IMMÉDIATE

• *Matériel : 1 petit saladier opaque, 1 éponge sèche, 1 glaçon, 1 verre d'eau.*

Avant le spectacle (attention, seulement quelques secondes avant !) : fixez l'éponge sèche au fond du saladier (elle ne doit pas tomber lorsqu'on retourne le saladier). Placez un glaçon sur l'éponge. Entrez en scène et saluez le public.

En scène : annoncez que vous vous apprêtez à transformer de l'eau en glace. Soulevez le saladier et montrez-le au public, sans le renverser. Soulevez le verre d'eau et montrez bien que vous le versez dans le saladier. Prononcez les paroles magiques de votre choix, fermez les yeux et hop ! retournez le saladier : l'eau a été absorbée par l'éponge et c'est le glaçon qui tombe. Magique !

L'ŒUF EN BOUTEILLE

• *Matériel : 1 œuf, 1 bouteille vide, du vinaigre.*

4 jours avant le spectacle : plongez l'œuf dans le vinaigre et laissez-le immergé ; ne l'en sortez que quelques minutes avant le tour. La coquille de l'œuf s'est ramollie et pourra ainsi passer par le goulot de la bouteille.

En scène : annoncez le tour prodigieux. Prenez l'œuf dans une main, la bouteille dans l'autre, et faites passer délicatement l'œuf par le goulot. Plop ! Comme par magie !

Nota bene : si la bouteille est emplie d'eau, la coquille se solidifiera de nouveau et l'œuf ne pourra plus en sortir !

UNE CIGARETTE À 5 €

• *Matériel : 1 paquet de cigarettes à filtre, 1 billet de 5 €, de la colle liquide, 1 verre d'eau.*

Avant le spectacle : faites une marque (discrète) sur le filtre d'une des cigarettes du paquet pour pouvoir la reconnaître pendant le tour. Enlevez délicatement tout le tabac de la cigarette, sans abîmer le papier, et glissez à la place le billet de 5 € étroitement roulé sur lui-même. Collez un peu de tabac à l'extrémité de la cigarette pour camoufler le billet et replacez-la dans le paquet.

En scène : montrez le paquet de cigarettes au public. Sortez la cigarette marquée en annonçant que vous allez la transformer en billet. Plongez-la dans le verre plein d'eau pendant quelques secondes, sortez-la et, en la maintenant dans vos mains fermées, frottez-la doucement jusqu'à ce que le papier se décolle et se désagrège. Lorsque vous sentirez le billet sous vos doigts, posez le filtre sur la table et, d'un geste théâtral, déroulez le billet sous les yeux ébahis du public.

LA CRAIE INDÉLÉBILE

• *Matériel : 2 craies, 2 ardoises, 1 petite éponge, 1 verre de bière.*

Avant le spectacle : plongez l'une des craies dans la bière pendant quelques instants, sans la faire fondre.

En scène : après avoir montré au public les craies et les ardoises, gardez pour vous la craie trempée dans la bière et une ardoise, puis désignez un spectateur dans le public. Donnez-lui l'autre craie et l'autre ardoise pour qu'il écrive un mot. Recopiez ce mot sur votre ardoise et annoncez que vous allez rendre la craie indélébile. Fixez l'inscription pendant quelques instants en ayant l'air de vous concentrer. Donnez l'éponge au spectateur pour qu'il efface la craie sur les ardoises. Il pourra effacer son inscription… mais pas la vôtre !

DEVINETTE GRAPHOLOGIQUE

• *Matériel : 8 feuilles de papier identiques, 1 bocal en verre transparent, 8 crayons de même marque (pour qu'on ne puisse pas les différencier) : 7 à mine dure (pour une écriture fine), 1 à mine grasse (pour une écriture épaisse).*

Avant le spectacle : vous n'avez strictement rien à faire !

En scène : annoncez que vous êtes capable de deviner des choses en observant l'écriture des gens. Choisissez huit spectateurs. Donnez aux sept premiers une feuille de papier et un crayon à mine dure. Demandez-leur d'écrire le prénom d'une personne qu'ils connaissent (et que vous ne connaissez pas) mais qui *ne porte pas de lunettes.* Donnez la feuille et le crayon gras au huitième spectateur et demandez-lui d'écrire le prénom d'une personne qu'il connaît (et que vous ne connaissez pas) et qui *porte des lunettes.*

Demandez aux participants de plier les feuilles de papier et de les mettre dans le bocal. Mélangez. Sortez les billets un par un, dépliez-les et alignez-les devant vous. Annoncez que vous allez deviner le prénom de la personne qui porte des lunettes. Faites mine d'observer attentivement les papiers puis tirez celui sur lequel ce prénom est inscrit d'une écriture épaisse et lisez-le à haute voix. Oh ! Ah ! Effet garanti.

LA BANANE FOUDROYÉE

• *Matériel : 1 banane, 1 grosse aiguille.*

Avant le spectacle : piquez la banane en son milieu avec l'aiguille que vous ferez glisser à l'intérieur afin de couper la banane en deux. Piquez la peau une seule fois pour ne pas l'abîmer (elle doit avoir l'air intacte).

En scène : racontez au public que vous possédez d'extraordinaires dons qui vous permettent, par la seule force de la pensée, de découper une banane en deux. Montrez la banane « entière » et posez-la sur la table. Faites bouger vos mains au-dessus du fruit sans le toucher et en fermant les yeux, comme pour vous concentrer profondément. Invitez ensuite un spectateur à éplucher la banane. Il se retrouvera avec deux parties égales dans les mains !

FANTASTICHAPITRE HUITIÈME

Si les forces sont obscures, Que les défenses soient sûres !

(Magicours d'autodéfense magique)

☛ *Magiguides : Une fois de plus, Hedwige Prodige et Louise Surprise (parce que ce qui va suivre est vraiment… incroyable !).*

Abracadabra à toute la compagnie ! Ne prêtez pas attention aux murmures incompréhensibles qui brouillent de temps en temps notre conversation. Il s'agit d'antiques sortilèges assyrio-babyloniens prononcés par notre ex-collègue Magiguide Dorothée Satanée. Grande spécialiste en maléfices, sortilèges et autres faits de sorcellerie, elle a été radiée de notre magiprofession en 1957. Pour quelle raison ? Oh, des broutilles… En fait, aucun être humain de son groupe ne revenait de son Magitour sans séquelles physiques ou psychologiques : torticolis, démarche de crabe, accès de logorrhée[1], éruption de

1. Logorrhée *(Dementia verbalis)* : également connue sous les noms « gymnastique linguale » ou « diarrhée verbale », ses symptômes sont l'émission incontrôlée de flots de paroles rarement élaborés en phrases sensées ou intéressantes. Cette maladie semblait avoir été éradiquée après la destruction de la tour de Babel, mais ses symptômes caractéristiques sont réapparus chez les humains en même temps que l'invention de la télévision. Le plus grand nombre de logorrhéens se rencontrent dans la catégorie des dits « intellectuels », et en forte proportion chez les journalistes, en particulier les journalistes sportifs, également affligés par la variante écrite de la maladie *(Logorrhea rotativica)*. (Source : *Encyclopédie fantastique de magiculture universelle*, Tue-Mouche Éditions, Pays des Clochettes, tome VII, p. 48).

furoncles poilus sur le bout du nez, production de cris d'animaux et visions faussées de la réalité étaient monnaie courante. On a d'abord pensé à des coïncidences, mais nous avons ensuite eu la preuve que Dorothée souffrait d'hyperactivité magique[1]. Loin de se cantonner à fournir des explications sur les sortilèges et les tours de magie, elle en donnait aussi de formidables exemples pratiques. Mais n'ayez crainte ! Vous serez à l'abri des sortilèges assyriens : Dorothée vit aujourd'hui recluse dans une pièce dont les murs sont entièrement recouverts de crépine de porc de huit ans d'âge, le meilleur des magisolants contre les sortilèges de tous ordres !

Alors, où nous trouvons-nous à présent ? Nous sommes au pays de tout ce que les humains trouvent ridicule, incroyable et grotesque, alors qu'il s'agit, selon nous, d'un endroit qui mérite toute notre attention, notre respect et nos soins. J'ai nommé le Sombre Lieu des Ténèbres Menaçantes, l'Obscure Forêt des Maléfices Noirs... Eh oui ! vous l'avez compris, nous sommes bel et bien au Royaume des Forces du Mal ! Pourquoi vous avons-nous conduits ici ? Pour que vous sachiez enfin ce que sont vraiment ces Forces du Mal, dont les élèves de Poudlard apprennent à se défendre.

Comme vous n'êtes pas sans le savoir, les sorciers et sorcières existent depuis la nuit des temps et, des empereurs au petit peuple, les Moldus se sont toujours

---

1. Forme de folie chronique qui survient, chez les lutins, au cours de la trentième saoûlerie au nectar de figues de Barbarie et incite le sujet atteint à faire systématiquement plus que ce qu'on lui demande de faire. Le cas le plus célèbre de toutes les annales de magimédecine est celui de Alberic Foretski, lutin originaire de Bohême : sa femme lui avait demandé d'aller chercher une branche de laurier pour parfumer le rôti de sauterelle. Lui a rasé au sol cent quatre-vingt-dix hectares de forêt.

adressés à eux. Vous ne nous croyez pas ? Napoléon, par exemple, avait une confiance aveugle dans les dons d'une célèbre voyante de l'époque, Mlle Lenormand. Déguisée en boule de cristal, Louise Surprise a souvent assisté à leurs rencontres. Elle nous a même raconté les problèmes qui survinrent lorsque Mlle Lenormand suggéra à Napoléon de lui lire les lignes de la main : l'Empereur ne voulut jamais l'extraire de son uniforme !

De nos jours, dans le monde entier, des milliers de soi-disant « sorciers » ou « magiciens » (et autant de soi-disant « médiums ») gagnent fort bien leur vie grâce à la crédulité de gens convaincus que leur destin est déterminé par la magie. Il ne s'agit pas que de croyances populaires : l'empereur Napoléon est sans cesse imité par la crème des grands décideurs et des célébrités de notre monde, incapables de prendre une décision importante sans avoir préalablement consulté leur voyant ou leur astrologue de confiance.

D'après les études réalisées à ce sujet, 99 % des soi-disant magiciens – comme des médiums – sont d'habiles charlatans. Les personnes possédant de vrais dons de voyance et de prémonition sont fort peu nombreuses. Rares sont les « bons » sorciers et rares aussi, par chance, les sorciers maléfiques, ceux qui, comme Celui-dont-on-ne-doit-pas-prononcer-le-nom, sont à même d'utiliser les Forces du Mal.

Ne les cherchez pas, c'est peine perdue ! Dans l'univers de la magie, on dit que rien ne sait, mieux que le Mal, se déguiser en Bien. Ces sinistres personnages, en effet, se cachent derrière une façade insoupçonnable. Ils ne passent pas de publicité dans les journaux ou à la télévision, ne promettent pas de miracles, ne vendent pas de talismans porte-bonheur, garants de succès et d'amour. Surtout, ils ne s'abaissent pas à utiliser leurs pouvoirs maléfiques pour faire des blagues de goût douteux. Ce ne sont jamais eux qui provoquent l'ulcère d'un supérieur hiérarchique tyrannique, la calvitie précoce d'un fiancé infidèle ou le genou écorché d'un camarade de classe antipathique...

Mais que sont donc ces Forces du Mal ? Ce sont toutes les pratiques de magie et de sorcellerie qui visent à nuire à quelqu'un ou à le soumettre, en provoquant la mort, la maladie ou des malheurs de toute nature. Il s'agit, le plus souvent, de sortilèges très élaborés transmis par des textes datant du Moyen Âge.

Vous trouverez dans ce fantastichapitre de nombreux conseils pour conjurer les effets des « maléfices », ainsi que quelques éclaircissements sur le « langage » de la magie. Vous découvrirez que des gestes très banals, presque automatiques, ainsi que certaines coutumes très répandues, sont en réalité motivés par la nécessité de se protéger d'influences négatives.

Alors, bon voyage dans le tunnel des Maléfices...

POUR REPÉRER LE MAUVAIS ŒIL CHERS LECTEURS, OUVREZ LE BON ŒIL

Vous vous rappelez sans doute que Voldemort ne parvient pas à tuer le petit Harry dans son berceau parce que Lily Potter se sacrifie pour sauver son fils, comme par un « contre-sortilège » d'amour. Il ne s'agit pas d'une invention de Joanne K. Rowling, mais d'un phénomène bien connu de tous les spécialistes de magie et de sciences occultes : la meilleure défense contre toute forme de sortilège maléfique est l'amour, qui crée une barrière psychique capable de repousser les forces du Mal. Certains vont jusqu'à affirmer que le meilleur moyen de se défendre contre quelqu'un qui nous veut du mal est de penser à lui de façon sincèrement affectueuse. Pensez-vous que vous y parviendrez ?

En attendant, voici un florilège de mesures préventives, tiré de la non-sagesse populaire, qui vous serviront au cas où... peut-être... on ne sait jamais... si quelqu'un voulait jouer à Guillaume Tell en vous attribuant le rôle de la pomme...

POUR ÉVITER L'ENVOÛTEMENT,
QUELQUES TRUCS SIMPLES MAIS PUISSANTS !

- ☺ Toujours avoir sur soi, au choix : une turquoise (pierre dure), du corail, un fer à cheval, des graines de fougère, un petit sachet de soie verte contenant un aimant.
- ☺ Mettre sa main devant la bouche lorsqu'on bâille (pour empêcher les esprits malins d'entrer).
- ☺ Croiser les bras et les jambes.
- ☺ Garder le pouce à l'intérieur du poing fermé.
- ☺ Avoir une gousse d'ail dans la poche ou accrochée à la porte de sa maison.
- ☺ Frotter d'ail les casseroles neuves.
- ☺ Avoir un chat noir.
- ☺ Répandre du persil sur son lit.
- ☺ Balayer sa maison le mardi et le samedi à la lune descendante.
- ☺ Ranger le balai derrière la porte (le laisser dehors peut offenser les voisins et les invités).
- ☺ Cracher puis essuyer son crachat du pied gauche lorsqu'on croise quelqu'un que l'on suspecte (éviter de le faire devant les forces de l'ordre ou en mâchant du chewing-gum...).

☺ Le jour du mariage, porter sa femme dans ses bras pour lui faire passer le seuil de la maison (on dit que le mauvais œil qui empêche la fécondité se tient sur la porte d'entrée).

☺ Les fiancés qui veulent avoir des enfants doivent garder trois grains de sel dans leur poche jusqu'au jour du mariage.

SI UN FANTÔME VEUT T'EFFRAYER, VOICI DES TRUCS POUR L'ÉLOIGNER

☺ Dire : « *Sator arepo tenet opera rotas* [1]. »

☺ Mettre deux plumes de poule blanches dans ses cheveux.

☺ Mettre une patte de lapin sous son lit.

☺ Faire brûler des morceaux de cuir dans la maison, en enfumant toutes les pièces.

☺ Inviter une personne née sous le signe zodiacal du Lion à dormir chez vous. Les « Lions » sont les seules personnes capables de repousser les fantômes par leur seule présence.

CELA PEUT SEMBLER SURPRENANT : AMULETTE N'EST PAS TALISMAN...

Amulette : porte-bonheur ou objet de protection simple constitué d'un objet à forte valeur symbolique (croissant de lune, miroir, trèfle à quatre feuilles). Si vous voulez vous en procurer un, reportez-vous au

1. Il s'agit d'un palindrome latin, c'est-à-dire d'une phrase que l'on peut lire indifféremment de gauche à droite et de droite à gauche. En magie, ce palindrome est connu sous le nom de « carré magique ».

Fantastitableau 1 (p. 221). Sachez que le fer à cheval est une amulette très puissante, ce qui explique son usage fort répandu. Les spécialistes expliquent son succès par sa forme en croissant de lune (symbole magique par excellence), le fer, métal réputé pour éloigner les démons et le cheval, symbolisant l'intelligence. Mais attention : pour qu'il vous porte vraiment bonheur, vous devez avoir *trouvé* votre fer à cheval. Il faut ne l'avoir ni acheté, ni reçu en cadeau.

Contre-sortilège : rituel magique complexe exécuté par un tiers dans le but d'annuler un *sort* (voir ci-dessous). Il peut également se réaliser automatiquement, si celui qui a jeté le sort a commis une erreur, si la victime porte un *pentacle* (voir ci-dessous) ou si elle est naturellement « invulnérable » aux influx extérieurs négatifs. Selon les spécialistes, une personne bonne, généreuse et altruiste, c'est-à-dire entourée d'une aura d'amour (comme l'est Harry), est naturellement protégée des mauvais sorts. Par ailleurs, le fait de ne pas croire aux sorts renforce ces défenses naturelles. Très souvent, un contre-sortilège produit l'effet d'un boomerang : le sort envoyé est retourné à l'expéditeur !

Sort : enchantement négatif réalisé par le biais de rituels complexes, constitué de gestes précis et de formules magiques à réciter. Il existe deux types de sorts : les *sorts directs* (où l'on agit directement sur la victime par l'intermédiaire de potions et d'herbes magiques) et les *sorts indirects* (où l'on agit sur un objet censé représenter la victime, tels une poupée, une photographie, un vêtement, un fruit, un animal, etc.). La façon la plus courante de jeter un sort indirect consiste à enfoncer des aiguilles dans ces objets, mais il existe aussi des variantes plus macabres : on peut laisser pourrir et enterrer les objets, y mettre le feu ou pratiquer sur eux, de manière progressive, un certain nombre de nœuds.

On peut jeter un sort à un seul individu ou à une famille entière, en une seule fois ou de façon répétée, en général une fois par mois, à minuit ou dans la demi-heure précédant minuit.

Mauvais œil : sortilège négatif simple, réalisé par le regard. On fixe la victime ou sa maison, tout en formulant des pensées funestes à son intention.

Opérateur : personne qui réalise matériellement le sortilège.

Pentacle : protection maximale contre tout type de mauvais sort. On dit que le pentacle est porteur d'influx positifs, contrairement au *talisman* (voir ci-dessous) qui, lui, les polarise sur la personne. Il s'agit d'un objet sur lequel figure un symbole magique ou sacré, à l'intérieur duquel sont gravés des phrases ou des signes magiques. Des yeux experts peuvent déceler plusieurs centaines d'informations en observant les signes figurant sur un pentacle. Le symbole peut être tracé sur un fragment de parchemin ou une petite plaque de métal à l'aide d'une encre « purifiée ». Il peut avoir la forme d'un double cercle ou d'une étoile à cinq ou six branches (étoile de David). Les pentacles à cinq ou six branches sont les plus puissants, les plus protecteurs et les plus riches sur les plans symbolique, numérologique et philosophique. Leur puissance se trouve amplifiée si l'étoile figure au centre d'un double cercle et est associée à un ensemble de signes magiques.

Seuls les experts en sciences occultes peuvent fabriquer un pentacle. Ils doivent suivre pour cela des règles précises et prendre en considération des éléments aussi variés que la position des planètes, le type de matériau utilisé, la personne destinée à porter le pentacle et le dessein dans lequel l'objet est fabriqué. Après la fabrication, le rituel prévoit une autre phase consistant à « lier » le pentacle à la personne qui le portera. Cette personne doit, en effet, garder le pentacle sur elle, ou tout au moins dans sa poche : l'efficacité d'un pentacle est liée à l'aura de la personne qui le possède. La troisième phase, enfin, est celle de l'« activation » du pentacle.

Les archéologues ont retrouvé des pentacles antiques sur tous les continents, de l'Égypte (où ils étaient accrochés au cou des momies) à la Chine (où, en général, ils étaient en jade), en passant par le Mexique. À l'ère chrétienne, de célèbres saints ont utilisé des pentacles comportant des inscriptions tirées de la Bible ou des Évangiles. Le pape Léon III dédicaça un livre à Charlemagne, qu'il venait de sacrer empereur, intitulé *Enchiridion*, dans lequel il était question de pentacles et d'invocations magiques.

Talisman : protection à la fois plus forte (il a pour but d'attirer les énergies positives de l'univers) et très personnelle, puisqu'elle est liée à la situation astrologique et zodiacale de l'individu. Si vous cherchez désespérément votre talisman, reportez-vous au Fantastitableau 2 (p. 222).

Dans l'Antiquité, les épées ayant appartenu à des guerriers valeureux constituaient de puissants talismans. Mais ce sont les anneaux et les bagues qui, depuis la nuit des temps et dans toutes les civilisations, ont été le plus couramment utilisés comme talismans. Pour quelle raison, selon vous, les offre-t-on si solennellement aux souverains lors de leur sacre, aux papes élus, aux fiancés, puis de nouveau aux jeunes mariés ? Parce que leur forme représente le serpent magique Ouroboros, bien connu des alchimistes, qui, en se mordant la queue, symbolise le mouvement perpétuel et l'immortalité.

En outre, le cercle est un symbole magique en soi : il est à la fois barrière contre les forces négatives et symbole de continuité sans fin. Peut-il y avoir de meilleurs auspices pour qu'un règne ou qu'un amour dure longtemps ?

Témoignage : objet appartenant à la victime du sort ou lié à elle (cheveux, vêtement, photographie...) et que l'on utilise au cours du rituel magique.

FANTASTITABLEAU 1

À chacun son amulette Aussi efficace que discrète

AMULETTE	SYMBOLE LIÉ ET SIGNIFICATION	EFFET
Aigle	Puissance	Rend puissant. *Amulette idéale :* une serre
Blaireau	Chance	Fait gagner aux jeux. *Amulette idéale :* une dent
Corne	Diane, la lune	Protège les enfants et les femmes enceintes
Chauve-souris	Vie longue et saine	Longévité et santé
Corbeau	Mémoire, force psychique et physique	Rend plus attentif et plus fort
Épi de blé	Fécondité, prospérité	Apporte l'abondance. *Amulette idéale :* sept épis plutôt qu'un
Épine de rose	Protection	Éloigne le mal. La garder dans son portefeuille
Grenouille	Amour, amitié	Favorise de bonnes relations avec les autres
Hippopotame	Culture et acuité d'esprit	Rend plus intelligent et plus mûr
Lion	Force	Rend courageux. *Amulette idéale :* une dent ou de la crinière
Miroir	Reflète des images négatives	Effraie et éloigne les démons
Œil	Soleil	Illumine, rend plus lucide
Renard	Astuce, habileté	Habileté et chance en affaires
Scarabée	Santé, défense face aux dangers	Santé, protection contre le mal
Serpent	Santé	Protège des maladies
Taureau	Force physique	Soutient dans les travaux pénibles
Tigre	Grande force	Protection générale. *Amulette idéale :* les moustaches
Tortue	Longue vie, paix	Protège du mal, fait vivre sain et longtemps
Trèfle à quatre feuilles	Croix	Protection contre le mal

FANTASTITABLEAU 2

Trouvez ci-dessous le talisman Qui vous protégera efficacement

Signe du zodiaque	Nombres	Métal	Couleur	Animal	Fleur	Parfum	Pierre
Bélier 21/3-20/4	1, 6	Fer	Rouge vif	Chat noir	Lavande	Absinthe, basilic	Rubis, améthyste
Taureau 21/4-20/5	2, 9	Cuivre	Vert foncé	Chien	Rose	Mélisse, gingembre, rose	Saphir, zircon
Gémeaux 21/5-21/6	3, 5	Argent	Marron	Lapin	Origan, acacia	Vanille, aigue-marine menthe	Agathe,
Cancer 22/6-22/7	4, 7	Argent	Blanc	Poisson	Lilas	Santal, tilleul, ambre	Perle, émeraude
Lion 23/7-22/8	5, 7	Or	Or	Écureuil	Tournesol	Angélique, encens, cyclamen	Topaze, diamant
Vierge 23/8-22/9	5, 6, 7	Mercure	Arc-en-ciel (multicolore)	Singe	Jacinthe	Gardénia, acacia, achillée millefeuille	Jade, cornaline
Balance 23/9-22/10	7	Cuivre	Vert d'eau	Chat	Verveine	Iris, musc	Diamant, lapis-lazuli
Scorpion 23/10-21/11	8, 9	Fer	Vermillon	Brebis	Bruyère	Tubéreuse, genêt, verveine odorante	Rubis, topaze
Sagittaire 22/11-20/12	3, 9	Étain	Bleu ciel	Tortue	Violette	Amarante, freesia, arbre Pompadour	Turquoise, grenat
Capricorne 21/12-19/1	8, 10	Plomb	Marron, gris	Oiseaux (tous)	Chèvrefeuille	Narcisse, jacinthe, menthe	Onyx, chrysolite
Verseau 20/1-18/2	4, 11	Plomb	Bleu, gris	Perroquet	Fougère	Arum, muguet, réséda	Grenat, saphir
Poisson 19/2-20/3	5, 12	Or blanc	Bleu marine	Perruche	Glycine	Jasmin, pivoine, fleur d'oranger	Corail, aigue-marine

FANTASTICHAPITRE NEUVIÈME

Tout est génial, bizarre, curieux,
Mais aussi parfois monstrueux...
Le Magicomonde, c'est sûr,
Est encor plus vrai que nature !

(Promenez-vous au milieu des bizarreries qui vous entourent)

☛ *Magiguides (en chœur) : « On est tous làààààà ! » Mais nous avons tiré au sort Lasagne Cocagne comme porte-parole, et Camille Quille qui prendra la relève lorsque Lasagne devra retourner à ses magifourneaux...*

Coucou ! Est-ce qu'une tartine aux boutons de capucine[1] vous ferait plaisir ? Non ? Après tous ces mauvais sorts et toutes ces formules magiques, vous avez l'estomac noué, mais n'ayez crainte, cela va passer bien vite. Pour vous détendre, je vais vous chanter une comptine « spéciale estomac noué[2] ». Vous êtes prêts ? Écoutez bien :

---

1. Les boutons de capucines sont un condiment légèrement piquant, parfait pour relever les salades un peu fades que mangent les humains. Il existe une très grande variété de spécialités végétales des bois et des champs, tout aussi inconnues des gourmets humains mais fort savoureuses (voir Sylvette Cueillette, *Herbivores et heureux : comment se nourrir dans la forêt*, Éditions de la Campanule Bleue, Trèflaquatrefeuilles, 1934, p. 55 et planches illustrées XI à XX).
2. Berceuse dite « de la cuisinière », *in* Ariane Tisane et Lou Doudou, *Comptines du soir, espoir*, Éditions du Comptemoutons, Pays des Songes, 1964, p. 322, 15.

Des raviolis à la crème
Pour ces petites têtes blêmes !
Détendez-vous et respirez,
Je vous prépare des beignets,
Un bon gratin de pommes de terre,
Point n'est besoin de somnifère !
Des haricots, tomates et fèves
Pour des nuits pleines de beaux rêves !
Je cuis aussi des petits pains
Pour que votre éveil soit serein,
Et pour chasser les cauchemars,
Voici ma bisque de homard !

Alors, vous vous sentez mieux ? Eh, ne vous l'avais-je point dit ! Magerlipopette, mon rôti ! Il faut que j'aille voir ce qui se passe en cuisine. Je reviens tout de suite !

Bonjour, c'est moi, Camille Quille ! Le Fantastichapitre que nous ouvrons ne contient pas de phénomènes surnaturels ni d'histoires particulièrement effrayantes, et pourtant, il n'en est pas moins ahurissant. Pourquoi ? Parce qu'il révèle des faits normaux à vos yeux d'humains, mais qui n'ont rien d'ordinaire pour nous, les lutins ! Lorsque nous nous sommes documentés sur le sujet, nous ne pouvions pas croire que tout cela existait. Aucun lutin, pas même Jean-Marie Euphorie (c'est dire !), ne serait prêt à tenter les expériences dont il est question dans les pages à venir ! Et jamais nous n'avons vu d'animaux aussi étranges et étonnants que ceux que nous nous apprêtons à vous décrire !

LE BRAVE RUBEUS SERAIT VRAIMENT CONTENT D'AVOIR UN ÉLEVAGE À CE POINT SURPRENANT

Il existe, en Nouvelle-Guinée, un petit oiseau venimeux, le **pitohui**, dont la peau et le plumage contiennent la même neurotoxine que celle dont usent les **grenouilles venimeuses**. Les indigènes enduisent de cette substance le bout de leurs flèches : une seule goutte peut provoquer un arrêt cardiaque et bloquer le système nerveux. Et le venin d'une seule grenouille peut tuer dix hommes !

La Nouvelle-Guinée constituerait pour Hagrid un lieu de villégiature paradisiaque. En effet, on y trouve également le **casoar**, monstrueux oiseau de deux mètres de hauteur aux serres particulièrement puissantes. Sur le doigt antérieur de chacune de ses pattes, brille une griffe crochue et pointue de 12 centimètres. N'essayez pas de le capturer : il se mettrait à sauter dans tous les sens en donnant de grands coups de pattes pour essayer de vous éventrer (il fait ça très bien…).

Hagrid aurait-il envie de réaliser un bel aquarium pour décorer sa cabane ? Les mers tropicales seraient sa source d'approvisionnement idéale. Il y trouverait un large choix de délicieuses créatures frétillantes telles que le **poisson-pierre**, qui possède, sur ses arêtes, des glandes pleines d'une neurotoxine mortelle, ou le **tétrodon de la mer Rouge** (joli nom pour un bébé dragon !), capable d'inoculer un poison mille fois plus mortel que le curare. Et dire qu'une fois cuit, il fait le régal des Japonais ! S'ils meurent en le mangeant, au moins meurent-ils heureux !

La *Chironex fleckeri*, dans son genre, n'est pas mal non plus : il s'agit d'une **méduse venimeuse** dotée d'une soixantaine de tentacules – six kilos de gélatine toxique au goût unique de poison mortel… Les plus costauds de la famille peuvent, d'une simple caresse, exterminer jusqu'à soixante-dix personnes…

Et les **poulpes** du genre *Hapalochlaena* ? A-do-rables ! Qui ne souhaiterait les croiser au cours d'une petite promenade sous-marine ? Imaginez de doux tentacules qui s'écartent jusqu'à atteindre une envergure de vingt mètres : ils vous serrent tendrement et vous administrent un petit baiser… qui vous foudroie sur le coup (ou, si vous avez plus de chance, qui vous paralyse). Cela fait vaguement penser aux Détraqueurs… Des psycho-crimino-mathématiciens ont trouvé la formule du poulpe venimeux : le nombre des victimes, divisé par dix, égale le nombre de poulpes qu'il faut capturer pour obtenir la quantité nécessaire de poison, soit un poulpe pour dix individus éliminés. Très utile pour les massacres collectifs.

Comme vous pouvez le constater, les serpents venimeux, en comparaison, c'est de la rigolade ! Que pourrait bien faire Hagrid d'une **vipère du Gabon** ? Avec ses petites dents d'un demi-centimètre et sa poche de venin, elle peut à peine faire mourir trente personnes ! Le **cobra royal** fait un peu mieux, dont le corps élastique peut atteindre 4,50 mètres : d'un seul coup de ses dents de plus d'un centimètre, il peut faire passer un éléphant de vie à trépas…

Mais Hagrid pourrait aussi bien vouloir élever, dans sa cabane, des petites créatures inoffensives pour les montrer à Harry, Ron, Hermione ou Dumbledore. Alors là, il a l'embarras du choix !

Pour organiser des courses entre amis, la **chenille du phalène doré** – dite chenille Schumi ou chenille pole position – est parfaite. Qui peut battre sa vitesse record de… 38 centimètres à la seconde ? Comment fait-elle ? Lorsque le feu passe au vert, elle se met en boule et démarre en trombe ! Et elle n'a même pas besoin de passer par les stands pour le ravitaillement !

Quant à la **puce géante**, elle est absolument charmante, avec ses 8 millimètres de longueur... Son nom aussi est long (il est digne du mille-pattes !) : *Hystichopsylla schefferi.* Les chiens vous affirmeront que cette puce présente l'avantage d'être immédiatement visible ! Pour vous donner un ordre d'idée, sachez que la célèbre puce sauteuse commune *(Pulex irritans)* mesure en général un millimètre (au maximum 2,5 centimètres sous anabolisants...).

Les puces organisent régulièrement des concours de saut (je ne vois pas ce qu'elles pourraient faire d'autre !). Toutes essaient de surpasser l'immense athlète qu'est la *Ctenocephalides felis* qui, comme son nom l'indique, se loge dans la fourrure des chats. Certains ont même tenté de corrompre des sauterelles ! Mais personne n'a jamais réussi à sauter plus haut que ses 34 centimètres. Une championne, vous dis-je !

Ne pensez-vous pas que Hagrid adorerait se lancer dans l'élevage de **strombes australiens** ? Ces gros mollusques (un peu comme les limaces que Ron vomit...), dont le poids peut dépasser 15 kilos, peuvent mesurer plus de 70 centimètres de longueur. Je suis sûr que les humains pourraient les confondre avec des anguilles !

Et voici, à ne manquer sous aucun prétexte, le poisson de défense antiaérienne thaïlandais, j'ai nommé le ***Toxotes jaculator***. Prenez une mouche, faites-la voler audessus de son aquarium et regardez bien : vous allez être surpris ! De son point d'observation, sous l'eau, surgit soudain sa grande bouche et... feu ! Il bombarde : bulles en rafales et écume sur un rayon d'un mètre et demi, jusqu'à ce que la cible soit atteinte.

Et si l'on vous disait que, en Thaïlande, rampe un certain poisson ? Eh oui ! chers lecteurs, ce poisson existe vraiment. Il n'est pas le fruit d'une quelconque manipulation génétique ! Son nom ? ***Anabas testudineus.*** Mais non, pas ananas ! A-na-bas, du grec *anabazo* : « je saute ». Ce poisson est capable d'une prouesse étonnante. Pour chasser ses proies, il parvient à ramper le long des troncs d'arbres. Il peut rester là autant de temps que nécessaire, ses branchies lui permettant d'absorber l'oxygène contenu dans l'atmosphère.

Si vous aimez parier dans les combats de catch, misez tout sur le ***Mellivora capensis.*** Ce rongeur, qui vit dans les forêts tropicales, est couvert d'une peau tellement dure qu'il est presque inattaquable. Pour se défendre, il se met en boule et se protège ainsi des morsures et des piqûres de ses prédateurs.

Voilà pour ce qui est des espèces « bizarres »... À côté de cela, nous pouvons observer ce que nous, les lutins, appelons des « extravagances occasionnelles », c'est-à-dire des animaux plus communs mais qui sont nés avec quelques... hum, disons... particularités.

En tête de notre classement arrive la **tortue Touffu** découverte il y a quelques années dans un jardin de Taiwan. L'animal possédait trois têtes : deux d'entre elles étaient parfaitement configurées, la troisième se trouvait en cours de développement. Pour se mouvoir, le pauvre animal allait de droite et de gauche, probablement à cause d'un conflit entre les deux cerveaux...

En 1999, on a recensé au Canada le cas d'un **super-pigeon** domestique baptisé Doc Yeck qui mesurait 12,7 centimètres au garrot et pesait plus de 1,8 kilo... soit pratiquement le double d'un pigeon normal. Inutile de dire que toutes les colombes du quartier étaient à ses pattes !

Je finirai mon exposé par le **chien-sauterelle**, tout simplement. Il s'appelle Wolf, vit en Russie et peut réaliser des bonds acrobatiques de plus d'un mètre cinquante.

Et maintenant, souffrez que je vous laisse, voici Lasagne qui revient. À plus tard, si une autre urgence la rappelle aux magifourneaux !

QUELQUES LUBIES CULINAIRES D'HUMAINS QUI FERAIENT MOURIR RON DE FAIM !

Amis lecteurs, me revoici ! Tout va pour le mieux en cuisine ! Alors, où en êtes-vous ? Oh, magnifique ! Nous allons aborder la partie que je préfère !

Pour commencer, sachez que je suis loin d'approuver ces ridicules débordements gastronomiques. Pouvez-vous m'expliquer l'intérêt de cuisiner des tartes et des pains de cinq mètres de diamètre, dans le seul dessein de passer à la télévision ou dans les journaux ? Et après, qui est de corvée de vaisselle géante ? Monsieur Propre, sans doute ? Hélas, vous, les humains, êtes ainsi. Et en tant que magichroniqueuse, je dois me contenter de rapporter les faits en toute objectivité ! Eh bien ! c'est ce que je vais faire.

La persévérance humaine a abouti à la création de mets et de boissons qui dépassent l'entendement… et toute dimension raisonnable. On recense des centaines et des centaines de records à manger et à boire. Je vous livre ici les plus extraordinaires.

Pour vous désaltérer, que diriez-vous de 23 000 litres de jus de fruits pressés ? C'est à New York que l'on a réalisé cette merveille, tandis qu'en Nouvelle-Zélande, on cuisinait un gâteau aux noix de 25 mètres de long.

L'Italie s'est contentée d'une pièce montée de 19 quintaux, composée de 52 000 choux à la crème, pour une œuvre de bienfaisance à Parme, et d'un tiramisu monstre de 17 quintaux à Chieti.

Ajoutez à cela une sucette d'une tonne à Locarno, en Suisse, un croquant géant de 32 mètres de long à Lamporecchio, un nougat au chocolat de 60 mètres réalisé par des pâtissiers napolitains, et un sucre d'orge anglais de 4,5 mètres, lourd de 425 kilos !

Le chien est le meilleur ami de l'humain. Ce dernier le lui rend bien : dans le Minnesota, il lui a préparé un biscuit de plus de 4 000 kilos. Découpé en morceaux, il a été distribué à la centaine de chiens chanceux nichés dans le public.

Vous adorez le chocolat ? Venez croquer dans la maxitablette de 82 280 kilos ! Elle est longue de 3,15 mètres, large de 1,50 mètre et épaisse de 45 centimètres. Mais ne venez pas vous plaindre si vous avez une crise de foie et des boutons partout ! De toute façon, on ne trouve pas de Bubobulbs dans la pharmacopée des humains !

Vous êtes plutôt salé ? Voyons… Que diriez-vous d'un hamburger de plus de 7 mètres de diamètre et de 2 740 kilos ? C'est au Canada que ce monstre a été cuisiné, tandis qu'en Italie, on s'est régalé d'une mozzarella de plus de 250 kilos et d'une andouille de 485 kilos et 137,5 mètres de long ! Des charcutiers suisses, quant à eux, ont réalisé un saucisson de 118 mètres (sans chapeau sur la tête) !

Végétariens, voici le chou de Bruxelles de 8 kilos, cuit au Pays de Galles en 1992 ! Bonjour les odeurs.

Les humains battent des records de poids et de taille, mais aussi de vitesse ! James Arney, de Londres, a englouti 64 huîtres en trois minutes. Et s'il s'est arrêté là… c'est seulement qu'il n'y avait plus d'huîtres ! L'honorable

M. Tae Wah Gooding, d'origine coréenne, n'a quant à lui mangé que 64 grains de riz en trois minutes, mais… en les attrapant un à un avec des baguettes !

On ignore encore comment l'Italien Armando Martellana a passé ses journées et ses nuits après avoir mâché et avalé 550 piments, toujours en trois minutes.

Il a fallu douze minutes, en revanche, au Japonais Kazutoyo Aroi pour dévorer 25 hot-dogs…

Voici, pour finir, une découverte intéressante : si Ron Weasley est un gourmand, la cause en est certainement géographique. Statistiquement, les Anglais sont le peuple qui mange le plus de desserts et de sucreries : 16 kilos par personne en 1997 ! Les Américains en consomment « seulement » 10 kilos, les Français 9 et les Japonais 3 (comme vous le savez, ils préfèrent les poissons venimeux !).

Ce sont aussi les Anglais qui détiennent le record de consommation de miel : 400 grammes par personne en 1998, ce qui représente une consommation nationale de 23 000 tonnes annuelles. Si vous ne savez pas quel métier exercer plus tard, pensez à devenir apiculteur en Grande-Bretagne…

Mais… hou là là ! Je sens une odeur de brûlé. Vite ! Il faut que je file voir ce qui se passe en cuisine. À plus tard !

SI HARRY RESTE BOUCHE BÉE EN VOYANT CERTAINS SORCIERS, IL S'INQUIÉTERAIT, C'EST CERTAIN, DU COMPORTEMENT DES HUMAINS !

Rebonjour à tous, c'est encore moi, Camille. Préparez-vous, vous n'avez pas tout vu : le plus beau reste à venir !

Rien n'amuse plus l'humain, semble-t-il, que d'inventer des passe-temps divertissants, dont voici un petit répertoire. Vous n'êtes pas au bout de vos surprises… (Les records battus dans les différents domaines figurent entre parenthèses.)

☺ Lancer de bonbons par les narines (un peu moins de 5 mètres).

☺ Nouer des queues de cerises avec la langue (911 en 1 heure).

☺ Cracher des grillons morts (9,17 mètres de distance).

☺ Rester enfermé dans un cercueil rempli de cafards (10 secondes avec 20 050 cafards géants).

☺ Embrasser des serpents venimeux (11 cobras l'un après l'autre).

☺ Rester assis au milieu de serpents (10 secondes au milieu de 75 serpents à sonnette).

☺ Garder des scorpions dans sa bouche (20 scorpions pendant 21 secondes).

☺ Soulever un cyclomoteur entre ses dents (61 kilos pendant 16,5 secondes).

☺ Jouer à saute-plusieurs-moutons (10 personnes alignées et sautées d'un seul trait).

☺ Gonfler des bouillottes en caoutchouc (52,68 secondes avant l'explosion).

☺ Tirer des véhicules lourds avec les cheveux (un autobus à impériale tiré sur presque 33 mètres).

☺ Déchirer des annuaires de téléphone (9 annuaires de 1 012 pages en près de 3 minutes).

La liste n'est pas close ! En fait, elle est presque infinie, tant les records sont nombreux…

Mais, mais, mais, que se passe-t-il… J'aperçois un grand va-et-vient de lutins. Il semble que certains soient déjà en route pour le grand final… Bon, encore deux petites histoires et je les rejoins.

Les adeptes de Voldemort sont des Mangemorts. Aux îles Fidji a vécu non pas un Mangemort, mais un non moins dangereux Mangevivant : sa Très Gracieuse Majesté Ratu Udre Udre, souverain d'une tribu anthropophage, qui a eu le temps et l'appétit de se nourrir dans son auguste vie... d'un millier de personnes ! Ces faits ont été attestés par la jolie collection de crânes retrouvée après sa mort... Miam !

Nous ne saurions décemment clore ce chapitre sur les bizarreries humaines sans évoquer Lloyd Olsen. Cet homme a réussi à faire survivre Mike, son poulet sans tête, pendant dix-huit mois (entre 1945 et 1946), après l'avoir accidentellement décapité. Pour le nourrir, il introduisait des aliments et de l'eau, au compte-gouttes, dans son œsophage. Le poulet a fini par mourir d'étouffement dans un motel, mais il restera vivant pour l'éternité grâce à un site qui lui est désormais consacré sur Internet : www.miketheheadlesschicken.org...

FANTASTICHAPITRE DIXIÈME

Quand une fable d'autrefois Tombe entre les mains des lutins, L'histoire dès lors devient... Vraiment n'importe quoi !

(Vous allez voir ce que vous allez voir...)

☛ *Magiguides : Tous !*

Chers lecteurs, nous arrivons au terme de notre Magicircuit et nous voudrions pour finir vous faire connaître notre lieu de rendez-vous préféré : la taverne Tralala. C'est là que nous élaborons nos projets les plus grandioses, nos mauvais tours comme nos bonnes actions, tout en dégustant, la plupart du temps, les délicieuses recettes concoctées par Lasagne Cocagne et Sabayon Illusion, ainsi que les vins de Charlot Bordeaux et Scipion Sauvignon, nos deux lutins spécialisés en sortilèges alcoolisés (transformation en vinaigre, démarche zigzagante, discours bruyants et intempestifs, visions extraordinaires, etc.).

C'est ici, dans la taverne Tralala, que Charlot et Scipion nous ont un jour fait goûter un bleu tout simplement exquis. Oui, un bleu... Nous, les lutins, nous ne buvons ni blanc, ni rouge, ni rosé : uniquement du bleu. Il s'agissait, en l'occurrence, d'un magnifique bleu outremer de 1742, réserve impériale. Le boire nous a donné à tous envie d'écrire... Alors, nous avons écrit, écrit, écrit ! Des testaments, des billets d'amour, des listes de courses, des dépositions pour cambriolage, des télégrammes, sans compter les devoirs sur lesquels planchaient à ce moment-là tous les étudiants du monde (qui n'ont pas eu à s'en plaindre, tous ayant récolté d'excellentes notes)... Jusqu'au moment où, par jeu, nous avons commencé à récrire les fables – mais oui, ces fables immémoriales et immortelles que vous connaissez tous, signées des frères Grimm, de Hans Christian Andersen et de Charles Perrault, qui sentent le chocolat chaud, les tartes et les câlins de grands-mères...

Tout cela a abouti à un méli-mélo d'histoires, un innommable embrouillamini que nous n'avons jamais osé montrer à qui que ce soit. Mais aujourd'hui, pour vous, en exclusivité universelle, nous dévoilons deux de ces chefs-d'œuvre (vraiment parce que c'est vous !). S'ils ont l'heur de vous plaire et qu'il vous en faut d'autres... faites-le-nous savoir !

Blanche-Neige et les Sept Nains

(conte revu et corrigé par Camille Quille)

Il était une fois un roi et une reine très amoureux l'un de l'autre et qui s'en trouvaient très heureux. Leur seul chagrin était de ne pas avoir d'enfant. Le roi rêvait d'avoir un petit prince pour enfin ressortir le train électrique rangé dans le grenier du château depuis son sixième anniversaire. De son côté, la reine ne pouvait s'empêcher de penser à une petite princesse qu'elle habillerait comme une poupée.

Dans la chambre à coucher de la reine se trouvait un grand miroir, appelé « Miroir du Riséd », capable de lire les désirs dans le cœur des hommes, mais aussi de dire toujours la vérité quelle qu'elle soit. Comme le roi était souvent par monts et par vaux, la reine passait le plus clair de son temps à converser avec le miroir en question, au point que ses servantes pensaient qu'elle avait perdu la tête. Or, si elle n'était pas folle, il n'est pas moins vrai qu'elle avait d'étranges habitudes, comme celle de coudre toute l'année, assise sur son balcon, même les jours d'hiver les plus frisquets. Le Miroir ne cessait de la prévenir : « Rentre immédiatement, tu vas prendre froid ! » À quoi la reine répondait en riant : « Il est impossible que je tombe malade, Miroir ! La sorcière Topaze m'a vendu un talisman qui rend heureux : deux écus d'or pour une protection maximale contre tout ! »

Un beau jour, alors que la reine était en train de broder sur son balcon et qu'il neigeait plus fort qu'au sommet de l'Everest, elle se piqua le doigt. Une goutte de sang tomba sur la neige et la rosit. La reine poussa un hurlement, mais le Miroir la consola : « Ne pleure pas, ma reine ! J'ai une bonne nouvelle pour toi. Je viens d'apprendre que tu vas avoir un bel enfant. Une petite princesse, à la peau blanche comme la neige immaculée et aux joues roses comme celle que ton sang a rosie. Elle s'appellera Blanche-Neige. »

Bondissant de joie, la reine se piqua de nouveau le doigt, mais cette fois, prise d'une forte fièvre, elle tomba malade. Le médecin de la cour diagnostiqua, non pas une infection au doigt, mais une pneumonie due au froid et lui imposa de rester couchée. « Et voilà, j'étais sûr que ça finirait ainsi ! s'exclama le Miroir. Je l'avais pourtant prévenue... Le talisman de la sorcière Topaze... N'importe quoi ! Allez, ma reine ! hop ! au dodo ! »

Ainsi, grâce aux bons soins du médecin de la cour et à l'étroite surveillance du Miroir, la reine se remit très vite de sa maladie. Elle se consacra dès lors entièrement à la petite princesse qu'elle attendait. Laquelle naquit à la saison des mûres.

Mais le cours du destin s'infléchit étrangement. Peu après la naissance de Blanche-Neige, la reine décéda brusquement. À la cour, on ne s'expliquait pas les raisons de cette mort. En réalité, la sorcière Topaze, secrètement décidée à épouser le roi, avait vendu un talisman empoisonné à la reine, de sorte que celle-ci s'affaiblît peu à peu, jusqu'à succomber.

Le roi fut inconsolable. Terrassé par la douleur d'avoir perdu sa reine bien-aimée, l'ayant beaucoup pleurée pendant des années, il se résolut un beau jour à partir en Polynésie pour oublier. La sorcière Topaze l'y suivit, toujours fermement déterminée à parvenir à ses fins. Un soir, tandis que le roi, assis sur la plage, contemplait la mer avec mélancolie, la sorcière apparut, surgissant de nulle part, habillée, pour tout vêtement, de colliers de fleurs parfumées à la façon des jeunes Polynésiennes, une bouteille de rhum à la main à la façon des Caribéens. Ayant allumé un feu sur la plage, la sorcière fit griller pour le roi les poissons les plus délicieux qu'il eût jamais dégustés et dansa en l'invitant à siffler le rhum qu'elle avait apporté. Le souverain mordit à l'hameçon et finit par inviter la jeune femme à dîner… avant de la demander en mariage !

Au château, devenue reine, la sorcière comprit que, pour vivre en paix à la cour, elle devait désormais se débarrasser de Blanche-Neige. Étrangement, la princesse grandissait beaucoup plus vite que les autres enfants. À trois ans et demi, elle était devenue une magnifique petite fille. Pour la reine Topaze, le pire n'était pas de la regarder, mais de l'entendre. Blanche-Neige, en effet, passait ses journées à croquer des mûres et à chantonner, d'une voix tellement criarde que dix-neuf gouvernantes et quarante-deux baby-sitters avaient déjà rendu leur tablier.

C'est alors que le drame se produisit : un matin, alors que Topaze demandait au Miroir, comme de coutume, qui était la plus belle femme du royaume et qu'elle s'attendait à entendre la réponse habituelle « Toi, ma reine ! », le Miroir lui rétorqua ce jour-là :

« C'est Blanche-Neige, ma reine. Toi aussi, tu es belle, mais...

— Mais quoi ? Je peux savoir ? hurla Topaze.

— En fait, tu as un peu de peau d'orange sur la cuisse droite et une petite ridule qui se dessine sur le front. Tandis que Blanche-Neige, elle est... absolument parfaite ! Certes, si elle cessait de chanter, tout le monde s'en porterait mieux, mais bon, on ne peut pas tout avoir... »

La reine, furibonde, convoqua le chef des gardes-chasses du royaume et lui dit : « Prends la princesse Blanche-Neige, emmène-la dans la forêt et zigouille-la. Et pour preuve de sa mort, rapporte-moi son cœur ! »

« Je ne puis faire cela ! Nul ne peut tuer la princesse, songea le garde-chasse bouleversé. Quoique... Ce ne serait pas une mauvaise idée de se débarrasser d'elle. Avec la voix qu'elle a, elle empêche vraiment tout le monde de dormir ! »

Aussi le garde-chasse invita-t-il Blanche-Neige à faire une promenade sylvestre. Parvenus au cœur de la forêt, il lui proposa de ramasser des mûres pendant que lui irait s'acheter des cigarettes. À quoi Blanche-Neige répondit : « D'accord, et puisque tu vas au bureau de tabac, pourrais-tu me rapporter des bonbons à la mûre, je te prie ? » Le garde-chasse acquiesça et s'en fut. Sur le chemin du retour, passant devant une boucherie-charcuterie, il se rappela que la reine lui avait réclamé le cœur de Blanche-Neige. Lequel choisir ? En repensant à la voix de Blanche-Neige, il se décida pour un cœur de poule.

Dans la forêt, la princesse n'avait pas encore compris que le garde-chasse l'avait abandonnée. Ayant cueilli toutes les mûres dans un rayon de deux kilomètres et voyant que la nuit commençait à tomber, elle voulut rejoindre le garde-chasse au bureau de tabac. Comme de bien entendu, elle se trompa de chemin et finit par tomber sur une petite maison en bois. Elle s'approcha et lut sur un écriteau accroché à la porte :

AUBERGE DES NAINS.
RÉOUVERTURE À 21 HEURES

Par la fenêtre entrouverte, elle aperçut, dans la cuisine, la table mise pour sept personnes, avec, au centre, un plat contenant sept tranches de rôti, sept feuilles de salade et sept pommes de terre. Blanche-Neige escalada la fenêtre, entra dans la maison et prit place à table. Mais au lieu de manger l'une des sept parts qui se trouvaient dans le plat, elle pensa qu'il serait plus poli de ne prendre qu'un petit morceau de chaque. Aussi mordit-elle dans chacune des tranches de rôti, dans chaque feuille de salade et dans chaque pomme de terre. Repue et somnolente, elle chercha un endroit pour se reposer. Dans la chambre à coucher, sept petits lits étaient alignés. Pour ne pas commettre d'injustice en ne défaisant qu'un lit, Blanche-Neige se coucha en travers, les occupant tous.

Lorsque les nains rentrèrent chez eux, voyant leur repas grignoté de toute part, ils crurent qu'un rongeur géant était passé par là. Dégoûtés, ils jetèrent le tout à la poubelle et sortirent dîner au Grand Hêtre, un endroit très simple mais où l'on mange fort bien.

Vers minuit, de retour à la maison, ils découvrirent Blanche-Neige endormie dans leur chambre. Elle chantait même dans son sommeil, et sa voix était… affreuse ! Mais elle était si belle ! Que faire ? Les nains s'enfuirent pour dormir dans les bois, loin de cette crécelle. À leur réveil, Blanche-Neige était là, qui les observait.

« Qui êtes-vous ? s'enquit-elle.

— Les sept nains. Et toi ?

— Je suis Blanche-Neige, la fille du roi.

— Mais qu'est-ce que tu fais ici ?

— J'attends notre garde-chasse, qui est parti m'acheter des bonbons à la mûre. »

Les nains échangèrent des regards perplexes. Puis ils se rappelèrent avoir rencontré, la veille au Grand Hêtre, une (petite) naine employée au château en qualité de chambrière de la reine. Elle leur avait raconté une étrange anecdote : le garde-chasse était venu porter un cœur à la reine, affirmant que ce viscère était celui de la princesse Blanche-Neige.

« Blanche-Neige, dirent les nains, es-tu bien certaine qu'il va revenir, ton garde-chasse ?

— Évidemment, quelle question ! Et s'il ne revient pas, qu'importe. Du moment que quelqu'un se dévoue pour aller m'acheter des bonbons à la mûre. Euh… le feriez-vous pour moi ?

— Bien sûr ! Mais pas maintenant. D'abord, il nous faut mettre la maison en ordre puis partir travailler.

— Laissez, je m'en occupe ! J'aime beaucoup votre maison. Elle est toute petite, je ne risque pas de m'y perdre comme au château ! S'il vous plaît, gardez-moi avec vous. Je pourrai aussi faire la cuisine !

— C'est vrai ? Et quelles sont tes spécialités ?

— Les tartes aux mûres, la sauce aux mûres, les pâtes aux mûres, la purée de mûres, la crème de mûres, le poulet farci aux mûres. Et les mûres aux... »

Les nains échangèrent de nouveau des regards interloqués. « Bah ! songèrent-ils, des mûres, c'est toujours mieux que rien du tout... » Et puis, n'est-ce pas, il est devenu si difficile de trouver de bonnes employées de maison. Déjà sept ans qu'ils en cherchaient une !

« C'est d'accord ! firent-ils tous en chœur. Tu peux rester. Tu t'occuperas de la maison et nous, en échange, on te donnera des bonbons à la mûre. Mais à une condition.

— Oui, laquelle ?

— Tu ne chanteras pas. Jamais. Sous aucun prétexte. Nous sommes tous allergiques au chant.

— Très bien. Je n'aurai qu'à chanter en votre absence. Allez, venez ! J'ai fait des beignets de mûres pour le petit déjeuner ! »

Les nains s'empiffrèrent de beignets et partirent à la mine.

Cependant, au château, le Miroir révélait à Topaze que Blanche-Neige n'était pas morte. Furieuse, la sorcière fit apparaître par magie un panier rempli de mûres énormes, grosses comme des pommes, mais empoisonnées. Le soir, déguisée en marchande de fruits, elle se rendit à la maison des sept nains. Blanche-Neige s'affairait en chantant, ou plutôt en criaillant si faux que tous les oiseaux avaient déménagé leur nid des alentours pour que leurs petits ne prennent pas le mauvais exemple...

« Des mûres ! Qui veut mes bonnes mûres ? cria Topaze, arrivée devant la porte. Blanche-Neige sortit de la maison et lui acheta tout le panier. Topaze lâcha sa cargaison et fila sans même se faire payer. La princesse gourmande s'apprêtait à déguster ces baies magnifiques, les plus grosses qu'elle eût jamais vues – si grosses, en effet, que la première qu'elle engloutit resta coincée dans sa gorge et l'étouffa.

À leur retour de la mine, les nains trouvèrent Blanche-Neige inanimée. Désespérés, ils la portèrent aux urgences les plus proches, qui se trouvaient être une clinique vétérinaire. Ils confièrent Blanche-Neige aux bons soins du jeune directeur de la clinique, un magnifique jeune homme blond, charmant et passionné de chevaux blancs. Dès qu'il l'aperçut, ce fut le coup de foudre. En moins de temps qu'il n'en faut pour le dire, il extirpa la mûre de la gorge de la princesse. Blanche-Neige revint à elle et, ouvrant les yeux, tomba à son tour raide amoureuse du vétérinaire. De joie, elle se mit à chanter. Or, au lieu de partir en courant, le vétérinaire l'écouta attentivement. « Je pourrait peut-être, se disait-il, lui administrer le sirop que je donne d'habitude aux vautours enroués... Mais par verres entiers, pas au compte-gouttes... »

Au bout de six jours de cure intensive, Blanche-Neige chantait comme un rossignol. Le septième jour, elle épousa le vétérinaire, tandis que les oiseaux repeuplaient la forêt et que les nains édifiaient un château de rubis et d'émeraudes pour abriter le jeune couple. À la cour du roi, folle de rage et jalouse que tout finisse si bien, Topaze, à la suite d'une mauvaise manipulation, vit se retourner contre elle un sort qu'elle avait jeté à Blanche-Neige et se transforma en cafard. La (petite) naine, sa femme de chambre, l'écrasa d'un coup de balai en faisant le ménage. Elle a depuis quitté son emploi et travaille désormais avec ses six sœurs et les sept nains dans le complexe touristique que le roi a inauguré en Polynésie, où il s'est remarié. Et tous, là-bas, vivent heureux...

LE CHAT BOTTÉ

(version de Jean-Marie Euphorie)

Il était une fois, dans un quartier de Troyes, une famille qui s'appelait Duquart. Le père, Octave, était meunier. Sa femme Demy lui avait donné trois fils prénommés Primo, Secundo et Tertio. Mais la famille était désunie et l'on s'y disputait beaucoup, tant et si bien qu'un beau jour, Demy décida de quitter définitivement le domicile familial. Elle sentait bien qu'elle devait partir avant qu'il ne reste plus rien d'elle. Il lui fallait changer d'air et de quartier... Octave en mourut de chagrin. Primo et Secundo cachèrent son testament et décidèrent de garder l'héritage pour eux, sans le partager avec leur petit frère Tertio. Celui-ci s'étonna de ne rien recevoir, mais comme il ne voulait pas faire d'histoires, il ne dit rien et quitta à son tour la maisonnée.

Par chance, Tertio avait un chat, Félix le Malin, descendant en droite ligne de l'auguste lignée des Félinfélix. Tandis que Tertio s'éloignait tristement de la maison, se demandant comment il s'y prendrait, à présent, pour payer son abonnement au Gymnaste Club, Félix le Malin fouilla la maison de fond en comble et dénicha le testament caché. Octave le pingre n'avait laissé en héritage à son fils cadet qu'une paire de bottes, même pas neuves. Certes, Félix pensait que Tertio méritait davantage, mais comme la vie le lui avait enseigné, mieux valait presque rien que rien du tout. Félix sortit de la maison et rattrapa son maître sur la route.

« Maître ! Maître ! lui cria-t-il. Attends-moi ! Regarde ! Ton père t'a laissé quelque chose !

— Ah oui ? Et quoi donc ?

— Cette paire de bottes, maître. Elle est pour toi !

— Ces bottes-là ? Mais elles sont vieilles et usées ! Qu'a-t-il fait des Mike™ avec lesquelles il jouait au football ?

— C'est Primo qui les a eues en héritage, avec le moulin.

— Et les Berook™ avec lesquelles il faisait son jogging ?

— Elles reviennent à Secundo, avec les terres.

— Dans ce cas... »

Tertio essaya donc les bottes, mais elles ne lui allaient pas.

« Aïe ! Elles sont trop petites ! Pourquoi mes frères, eux, ont-ils toujours tout ce qu'ils veulent sans avoir besoin de demander ?

— Justement parce que, s'ils ont besoin d'une chose, ils la prennent sans rien demander à personne. Mais, bon, ce n'est pas grave. Prends donc tes bottes. Si tu veux, je les taillerai en pointe, il paraît que c'est la mode !

— Tu crois ? Hum... Je ne suis pas sûr que ce soit mon style. Si ça te fait plaisir, tu peux les garder pour toi : je te les donne.

— Oh, merci ! Et des Sept Lieues™, en plus : la meilleure marque ! On dit qu'elles sont confortables et qu'on peut marcher des kilomètres avec ! Ça tombe bien, je dois justement aller chercher le moyen de te garantir un avenir radieux. Si j'attends que tu prennes des initiatives, on y est encore dans cent ans... En attendant, continue à avancer, mais avec tes pieds plats, c'est sûr que t'iras pas bien vite !

— Tu sais bien que ce n'est pas ma faute si je ne me suis pas fait opérer. Et puis, mon père trouvait ça très pratique pour déblayer la neige !

— Excuse-moi, fais comme si je n'avais rien dit… Je m'en vais. À plus tard ! »

Et Félix se mit en route. À quelques kilomètres de là, il trouva des champs de maïs magnifiques et fertiles qui s'étendaient à perte de vue. Un écriteau annonçait :

VOUS ENTREZ SUR LES TERRES
DU GÉANT VERDOYANT

Puis il aperçut un paysan qui se trouvait là, les bras chargés de boîtes de conserves. Curieux, Félix lui demanda :

« Pardonnez mon ignorance, mais qui est ce géant ?

— Ah, le géant ? Un sale type, vraiment. Il passe son temps à mentir à nos enfants et à voler les bons de réduction et les points bonus de nos femmes. Un vrai malheur !

— Vous ne pouvez pas vous rebeller ?

— Si tu crois que nous n'y avons pas déjà pensé ! Hélas, c'est impossible car le géant se transforme à loisir. Il peut devenir dragon, serpent, éléphant, pit-bull, bref : tout et n'importe quoi. On ne peut pas lutter contre lui.

— Ah, il se transforme ? Comme c'est intéressant… Et où se trouve-t-il ?

— Là-haut, sur la colline. »

Apercevant la ferme du géant verdoyant, Félix, qui jusque-là n'avait connu que le vieux moulin d'Octave, écarquilla les yeux devant tant de richesse et de splendeur.

« Mais c'est un véritable château !

— Et tu n'as pas tout vu ! Figure-toi qu'il vient de faire construire une piste d'atterrissage pour sa montgolfière ! Il part en voyage pendant quatre-vingts jours et revient prendre son petit déjeuner. Ses cuisiniers sont si efficaces que les légumes tournent tout seuls dans les poêles !

— Je vais de ce pas rendre visite à ton patron. Merci pour toutes ces informations !

— Attends ! Tu dois connaître le mot de passe. C'est : *Parce que je le veux bien !* »

Félix se rendit à la ferme. Une top-servante un peu évaporée vint lui ouvrir la porte en secouant son abondante chevelure.

« Que voulez-vous ? demanda-t-elle en minaudant au chat botté (car c'était lui).

— Je voudrais voir le géant verdoyant.

— Et pourquoi donc ?

— Mais… *parce que je le veux bien.* »

À ces mots, la top-servante à l'abondante chevelure le fit entrer. Et le géant verdoyant l'accueillit en personne.

« Qui que tu sois, claironna-t-il, sois le bienvenu dans ma ferme ! Ta visite tombe fort à propos. Je cherchais justement un partenaire pour jouer avec moi à mon jeu préféré.

— En quoi consiste ce jeu ? », demanda Félix.

Le géant lui présenta une coupe dans laquelle il ne restait plus qu'une cerise au kirsch enrobée de chocolat, enveloppée dans son papier rose.

« Gagne celui qui mangera ce dernier chocolat. Il faut être rapide !

— Prends-le donc, répondit Félix le Malin. Moi, je n'aime pas ça. Ça me donne des boutons. Mais si tu le permets, j'aimerais te poser une question. J'ai entendu dire que tu te transformes en un tas de choses à volonté… et j'ai peine à y croire.

— Comment oses-tu ? rugit le géant verdoyant. Évidemment que je sais me transformer en un tas de choses ! Regarde ! »

Il engloutit le chocolat et se transforma *illico presto* en résistance de machine à laver enduite de calcaire. « Magnifique ! glapit Félix. Qu'est-ce que tu sais faire d'autre ? Saurais-tu te transformer en pâte dentifrice tricolore ? » Le géant verdoyant, devenu dentifrice, répondit :

« Tu vois ? J'ai même pensé à la formule anti-plaque…

— Fantastique ! Et maintenant, tu me ferais voir la voiture qui se construit toute seule autour de toi ? »

En un instant, le souhait de Félix fut réalisé. « Bravo ! Quelque chose de plus terre à terre : un chameau ? » Et le géant devint chameau. « Un taureau ? » Et le géant se fit taureau, avec des musiques espagnoles en fond sonore. Puis il devint hippopotame, flamant rose, orang-outang, antilope. Félix voyait bien que le géant était fier de ses métamorphoses et il l'incitait à continuer en applaudissant.

« Tu es vraiment formidable ! Peux-tu aussi te transformer en quelque chose de plus petit ? Un papillon, par exemple ? » Et le géant déploya ses ailes multicolores. Autour de lui flottaient d'autres papillons, des petites fleurs, des foulards de soie et un flacon d'assouplissant parfum fleurs de printemps.

« Ça alors ! », s'exclama Félix. Puis il lança l'hameçon : « Mais je parie que tu ne sais pas te transformer en… souris. » Piqué au vif, le géant se transforma en petite souris grise. « Magnifique ! », dit Félix, bondissant sur la souris et la dévorant.

Une fois le géant englouti, Félix sortit et appela tous les paysans du domaine. Dans l'allégresse générale, il eut du mal à se faire entendre, mais parvint à gagner l'attention des paysans réunis :

« Oyez, Oyez, braves gens ! J'ai libéré vos terres du monstre verdâtre qui les occupait de force. Cette ferme, ainsi que le domaine qui l'entoure, seront désormais la propriété de mon maître, le marquis Tertio du Quart de Troyes. Préparez-vous à lui rendre hommage. Quant à moi, je m'en vais de ce pas le chercher et l'amener ici où vous l'accueillerez comme il se doit ! »

Ravi, Félix partit rejoindre son maître, qu'il retrouva, assis tout penaud à la table d'un café, tandis que tous les autres clients affichaient un air satisfait.

« Tu en fais une tête ! dit Félix.

— La serveuse embrasse les clients, sauf moi, pleurnicha Tertio, parce que je n'utilise pas le rasoir Giflette™ double lame à tête pivotante comme les autres... En plus, elle a taché ma chemise en renversant le verre sur la table. Et tout ça parce que je n'ai pas d'argent !

— Du calme ! La fin de tes malheurs est arrivée ! Suis-moi ! À partir d'aujourd'hui, tu es riche. Et marquis. Tu es désormais le marquis Tertio du Quart de Troyes.

— Vraiment ? Oh, merci, Félix !

— Je t'en prie. Quant à ta chemise, la serveuse va s'en occuper : elle a du Détach'moiça™ sans javel qui respecte les couleurs. »

Tertio devint riche. Il acheta deux cents caisses de rasoirs Giflette™ double lame à tête pivotante et toutes les chaussures de sport jamais fabriquées du monde. Il épousa la servante évaporée à l'abondante chevelure et vécut avec elle une longue histoire d'amour.

Quant au chat Félix, il finit par quitter Tertio et son royaume pour conquérir Hollywood, où il devint une grande vedette de dessins animés...

Solutions des magijeux

Magichapitre premier

Mots magicroisés de la page 46

Magicasse-tête de la page 47

1. On ne peut soustraire 4 de 46 qu'une fois. Ensuite, si l'on soustrait 4, ce ne peut plus être du nombre 46… qui est devenu 42 !

2. Bleu. Si l'on ajoute un nombre pair à un nombre impair, on obtient toujours un nombre impair.

3. Un mètre (100 centimètres). Si les deux cafards partent au même moment et avancent à la même vitesse, ils se retrouvent obligatoirement à mi-chemin, soit à 50 centimètres de leur point de départ respectif.

Magiquiz de la page 48

1. b – **2.** b – **3.** b – **4.** c – **5.** b – **6.** a – **7.** b – **8.** c – **9.** b – **10.** b – **11.** a – **12.** b – **13.** c – **14.** b – **15.** a – **16.** a – **17.** a – **18.** En souvenir des 150 gallions d'or offerts par le Conseil des Sorciers à l'équipe qui l'attrape la première.

Magichapitre deuxième

Mots magicroisés de la page 68

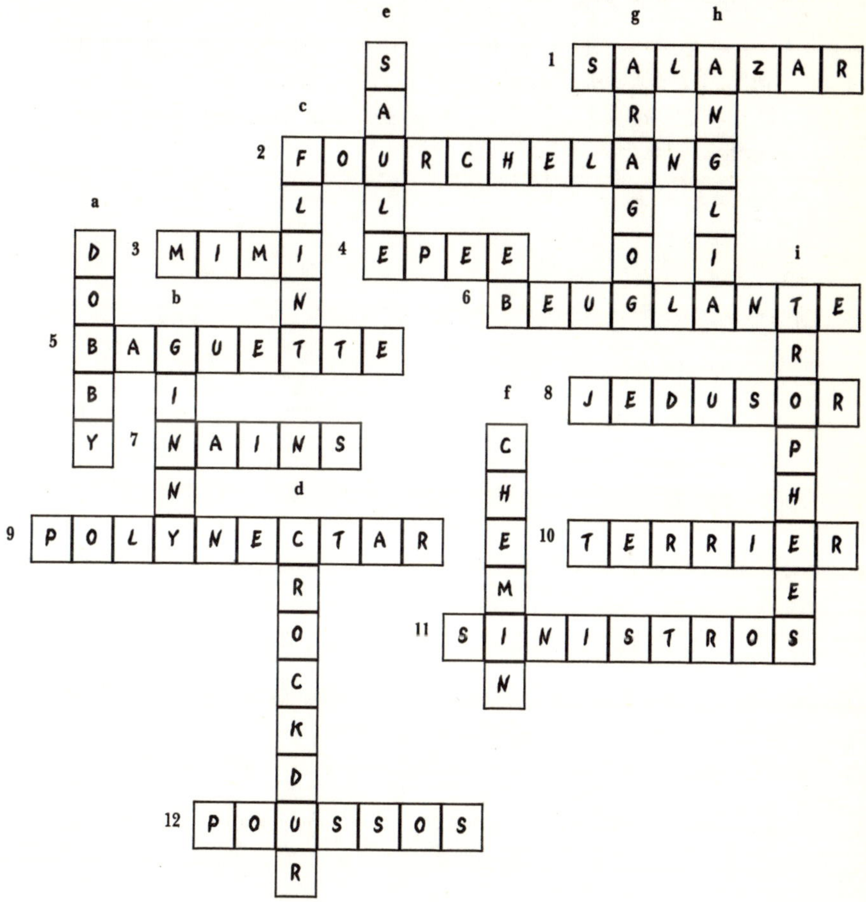

Magicasse-tête de la page 69

1. Samedi

2. Toujours deux heures et demie !

3. La ligne qui coupe le cadran doit passer, d'un côté, entre le 9 et le 10, de l'autre entre le 3 et le 4.

Magiquiz de la page 70

1. a – **2.** b – **3.** c – **4.** a – **5.** Lorsqu'on ne fait pas confiance à quelqu'un. – **6.** b – **7.** b – **8.** a – **9.** c – **10.** b – **11.** a – **12.** c – **13.** b – **14.** b – **15.** Les trois réponses sont exactes. - **16.** c – **17.** a – **18.** b

Magichapitre troisième

Mots magicroisés de la page 88

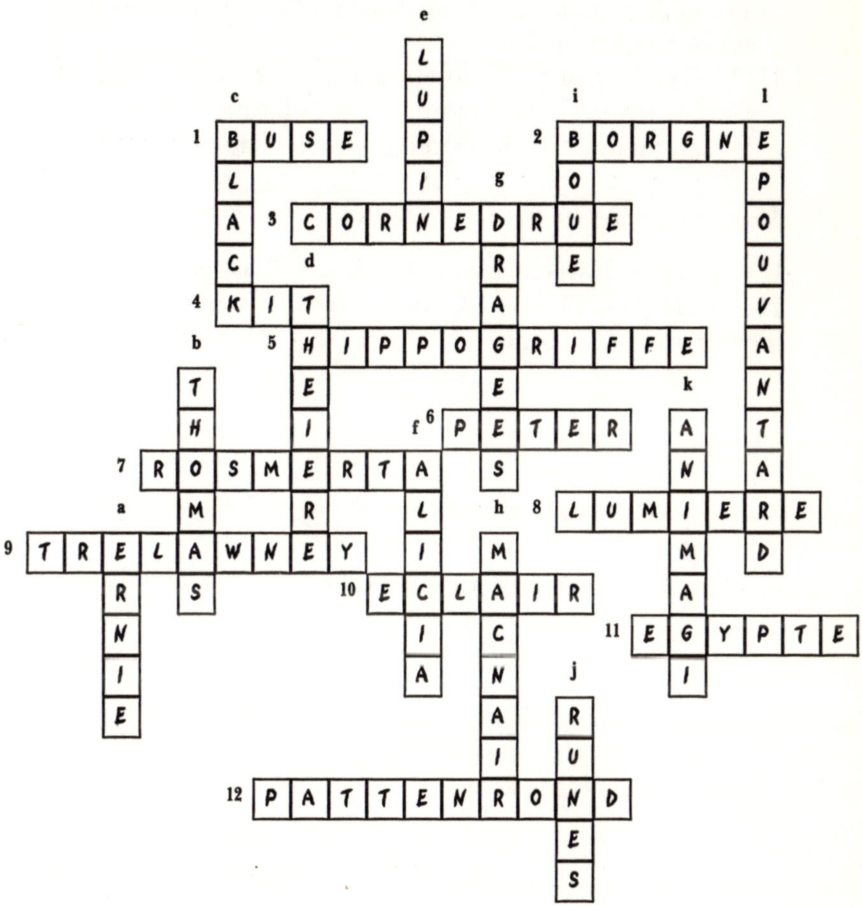

Magicasse-tête de la page 89

1. Six parties (Hermione-Lavande ; Hermione-Angelina ; Hermione-Katie ; Katie-Angelina ; Katie-Lavande ; Lavande-Angelina).

2. Mrs Weasley doit remplir le verre doseur de 500 ml, puis verser le contenu jusqu'à remplir le verre doseur de 400 ml. La quantité restant dans le verre de 500 ml sera exactement de 100 ml.

3. Mercredi. Si elles doublent de taille chaque jour, les plantes auront atteint la moitié de la hauteur de la serre *la veille* du jour où elles atteindront le plafond.

Magiquiz de la page 90

1. b – **2.** c – **3.** b – **4.** c – **5.** c – **6.** c – **7.** a – **8.** a – **9.** b – **10.** a – **11.** b – **12.** b – **13.** Un sorcier qui peut se transformer en animal. – **14.** b – **15.** c – **16.** b – **17.** c – **18.** a

Magichapitre quatrième

Mots magicroisés de la page 113

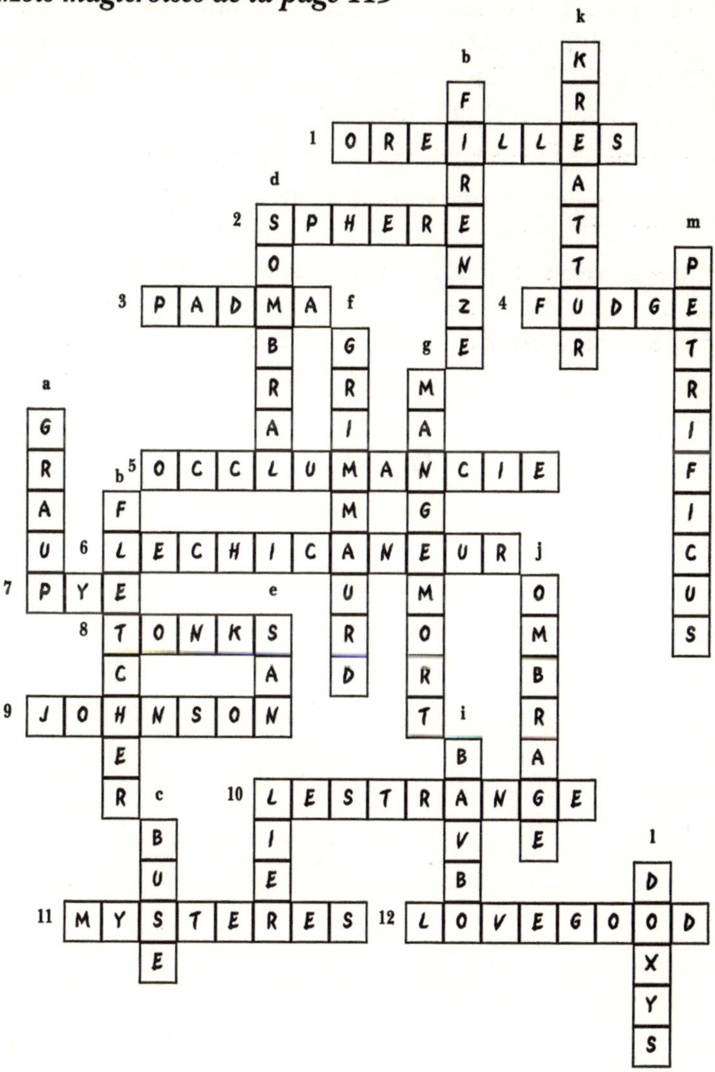

Magicasse-tête de la page 114

1. 30 mètres : 12 (le cou) + 6 (le corps) + 12 (la queue, qui mesure le double du corps).

2. Il faut mettre sur la balance deux boîtes de couleurs différentes (par exemple, une verte et une dorée). Si elles ont le même poids, on saura que c'est le couple de boîtes de la troisième couleur (blanche, dans notre exemple) qui est le plus lourd. Sinon, on voit directement sur le plateau de la balance si ce sont les boîtes vertes ou dorées qui pèsent le plus lourd.

3. L'élève avait les cheveux roux : si Nick Quasi-Sans-Tête ment, la grosse dame doit avoir vu un garçon roux. Si c'est elle qui ment, l'élève est roux de toute façon. Mais soyez sans crainte, le coupable n'est pas Ron !

Magiquiz de la page 114

1. c – **2.** b – **3.** c – **4.** a – **5.** c – **6.** a – **7.** c – **8.** a – **9.** b – **10.** b – **11.** c – **12.** Les trois réponses sont exactes. – **13.** b – **14.** c – **15.** c – **16.** c – **17.** c – **18.** a

Magichapitre cinquième

Mots magicroisés de la page 129

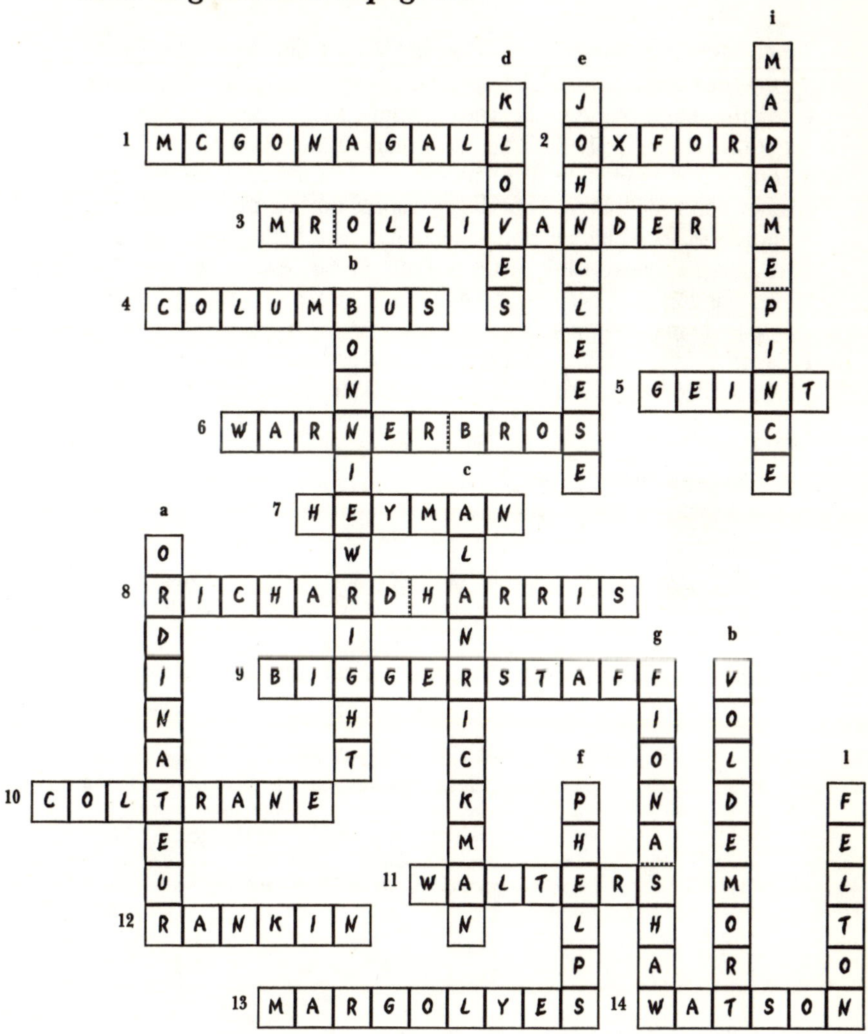

CHEZ LE MÊME ÉDITEUR

Allan et Elizabeth Kronzek
LE LIVRE DE L'APPRENTI SORCIER
UN GUIDE DU MONDE MAGIQUE DE HARRY POTTER

(2e édition 2004)

Quelle est la différence entre une sorcière et une harpie ? Peut-on apprivoiser un dragon ? Le troll est-il votre ami ou votre ennemi ? Que faire d'une corne de licorne ? Comment fabriquer une baguette magique ? Où se trouvent les coins à mandragores ? Comment savoir à coup sûr si votre voisin est un magicien ? L'alchimie est-elle une science exacte ? Philtres et sortilèges, esprits hostiles ou bienveillants, grimoires et formules magiques, alchimie, astrologie, chiromancie... Tout cela ne relève-t-il que de la fable et du rêve ? J. K. Rowling aurait-elle sorti ses basilics, strangulots et autres épouvantards d'un chapeau de magicienne ?
Pour débusquer la réalité derrière la légende, Allan, et Elizabeth Kronzek ont mené l'enquête en territoire fantastique. Leurs conclusions sont surprenantes : potions malédictions, géants et dragons, chaudrons et boules de cristal ne datent pas d'hier. Même le balai de Harry, l'hippogriffe de Sirius Black et les calculs arithmantiques d'Hermione ont une histoire qui remonte parfois aux temps les plus anciens. C'est à ces sources, mythologiques, folkloriques ou scientifiques que puise ce manuel, conçu comme un guide touristique des contrées magiques, qui offre un accès insoupçonné à l'univers d'un héros désormais universel.

Allan Kronzek, enseignant et illusionniste, est un spécialiste de l'histoire de l'art magique. Sa fille Elizabeth est diplômée d'histoire de la Renaissance de Princeton University.

« Ce recueil malin et ludique recense la plupart des pratiques magiques, incantatoires ou divinatoires. Pierre philosophale, tapis volant, goules ou encore salamandres, les deux auteurs détaillent pour notre plus grand plaisir le vocabulaire de la sorcellerie. Ce grimoire moderne envoûtera tous les Harry en puissance. »
(Ciné Live)

ISBN 2-84187-432-X / H 50-2704-0 / 328 p. / 130 illustrations / 19,95 €

Antoine Guillemain
MON POTE HARRY POTTER
Préface de Serge Tisseron

(2e édition 2004)

Ils ont 6, 34 ou 73 ans, et ils lisent *Harry Potter.* Antoine Guillemain leur a demandé pourquoi. Mais aussi : que diriez-vous à Harry si vous le rencontriez ? Selon vous, qu'adviendra-t-il de Harry dans les prochains tomes de la série ? Quel sortilège aimeriez-vous pouvoir lancer ? À quel poste aimeriez-vous jouer au Quidditch ? À votre avis, Voldemort et Harry sont-ils apparentés ?

L'enquête, minutieuse, se poursuit entre les lignes des quatre romans publiés par J. K. Rowling : d'où lui vient sa prodigieuse imagination ? Comment a été relevé le défi de la traduction ?

Ce guide est aussi un vademecum du Moldu de base, qui y trouvera les fiches d'identité commentées des principaux personnages, un lexique des termes de sorcellerie et des formules magiques, des données statistiques, des conseils pratiques avant d'embarquer pour Poudlard, des quiz, un ban critique des liens Internet, une présentation de l'abondante « littérature potterienne », et de nombreuses informations insolites…

Lycéen près de Rouen, Antoine Guillemain a découvert Harry Potter en l'an 2000, à l'âge de treize ans. Devenu un inconditionnel de l'apprenti sorcier, il a créé son propre site Internet, l'un des meilleurs consacrés à Harry Potter.

« Le livre d'Antoine est une bible sur Harry Potter. Harry, un ami qui vous veut du bien ! »
(Voici)

« Un ouvrage incontournable pour tous les fans. »
(Télé Poche)

« *Un vrai* Petit Potter illustré. »
(Le Point)

ISBN 2-84187-434-6 / H 50-2707-3 / 384 p. / 17,95 €

Cet ouvrage a été composé
par Atlant'Communication
aux Sables-d'Olonne (Vendée)

Impression réalisée sur CAMERON par

BRODARD & TAUPIN

GROUPE CPI

La Flèche (Sarthe)
en octobre 2005
pour le compte des Éditions de l'Archipel
département éditorial
de la S.A.R.L. Écriture-Communication

Imprimé en France
N° d'édition : 860 – N° d'impression : 31892
Dépôt légal : octobre 2005